Danke Jasmin
Danke Pat

Produktmanagement: Eva Dotterweich
Unter Mitarbeit von: Laura Posset
Textredaktion: Antje Urban
Korrektur: Susanne Langer
Layout und Satz: Helen Garner, Art und Weise
Umschlaggestaltung: Helen Garner unter Verwendung
eines Fotos von Maria Brinkop
Repro: Repro Ludwig, Zell am See
Herstellung: Bettina Schippel
Text: Nicole Fischer

Bildnachweis:
Cover, Fitness- und Rezeptfotos: Maria Brinkop
Shutterstock: S. 4 (Mitte), 8/9, 11, 14-18, 21, 23
Mariana Eberhard: S. 28

Ein großer Dank geht an Yogishop.com für
die Leihgabe der Requisiten.

Printed in Italy by Printer Trento

**Sind Sie mit diesem Titel zufrieden? Dann würden
wir uns über Ihre Weiterempfehlung freuen.**
Erzählen Sie es im Freundeskreis, berichten Sie Ihrem Buchhändler
oder bewerten Sie bei Onlinekauf.
Und wenn Sie Kritik, Korrekturen, Aktualisierungen haben, freuen
wir uns über Ihre Nachricht an Christian Verlag, Postfach 40 02 09,
D-80702 München oder per E-Mail an lektorat@verlagshaus.de.

Unser komplettes Programm finden Sie unter

www.christian-verlag.de

Alle Angaben dieses Werkes wurden von der Autorin sorgfältig recherchiert und auf den neuesten Stand gebracht sowie vom Verlag geprüft.
Für die Richtigkeit der Angaben kann jedoch keine Haftung über-
nommen werden.

Die Deutsche Nationalbibliothek verzeichnet diese Publikation in der
Deutschen Nationalbibliografie; detaillierte bibliografische Daten sind
im Internet über http://dnb.d-nb.de abrufbar.

ISBN 978-3-86244-682-7

Nicole Fischer

VEGAN *für mich*

CHRISTIAN

3. REZEPTE 58

Tolle Rezeptideen für jede Gelegenheit: fröhlich-
bunte Drinks für den Energiekick am Morgen,
leckere Snacks für den kleinen Hunger zwischendurch, wärmendes Soulfood für graue Tage und
vieles mehr. Ab in die Küche!

Vorwort

Ich war über 20 Jahre lang Vegetarierin, bevor ich anfing, mich vegan zu ernähren. Als ich damals sagte: „Ich bin Vegetarierin und esse kein Fleisch", wurde ich ähnlich verdutzt und mitleidig angeschaut, wie heute, wenn ich sage: „Ich ernähre mich vegan." Dabei muss ich zugeben, dass ich bis vor einigen Jahren sogar das gleiche Fragezeichen im Gesicht hatte, wenn jemand erklärte, er würde sich vegan ernähren. Aus Unwissenheit natürlich.

Meine erste echte Erfahrung mit der veganen Küche machte ich vor 15 Jahren in dem Yoga-Ashram, in dem ich später auch eine Yoga-Lehrer-Ausbildung absolvierte. Dort wurde ausschließlich vegan – und überaus lecker – gekocht.

Meine Entscheidung von vegetarischer auf vegane Kost umzustellen, hatte gesundheitliche Gründe, aber auch begleitet von ethischen. Denn kurz gesagt: Die Milchkühe leiden kaum weniger als die, die dazu bestimmt sind, gegessen zu werden. Gesundheitliche Auslöser waren meine chronischen Nasen- und Kieferhöhlenentzündungen sowie Verdauungsprobleme. Nach dem Verzehr von Milchprodukten fühlte ich mich immer schwer und müde. Ich liebte damals so richtig schöne Stinkekäse, aber schon kurz danach gab mir mein Körper deutliche Zeichen. Er konnte damit nicht umgehen. Auch meine Infektionsanfälligkeit war während meiner vegetarischen Ernährung deutlich höher. Nach einem Bluttest erfuhr ich, dass ich unter einer Kasein-Unverträglichkeit litt. Kasein ist ein Milcheiweiß, das in allen tierischen Milchprodukten vorkommt.

Und jetzt nach meiner Umstellung? Es hat sich einiges geändert: Ich bin nicht mehr die Erste, die es erwischt, wenn ein Virus umgeht, und meine Verdauungsprobleme genauso wie meine Nasen- und Kieferhöhlenentzündungen haben sich in Luft aufgelöst. Und noch besser: Ich habe keinen Heuschnupfen mehr. Je tiefer ich mit der Zeit in die unterschiedlichen Facetten der veganen Ernährung eingetaucht bin, desto bewusster wurde ich mir der vielen weiteren Beweggründe. Vor allem, in welchem Zusammenhang diese Ernährung mit unserer Umwelt, der Agrar- und Viehwirtschaft, dem Welthunger und so vielem mehr steht.

Nun bin ich keine Umweltaktivistin, nicht mal politisch außergewöhnlich bewandert. Es ist eher der gesunde Menschenverstand, der mich dazu bringt, über diese Zusammenhänge und meine Verantwortung nachzudenken. Ob mit oder ohne Kinder: Kann ich es zulassen, dass wir unsere Umwelt und Natur derart ausrauben – und dabei nicht mal zu unserem eigenen Wohle, sondern zum Wohle irgendwelcher Großkonzerne? Alle beschweren sich, dass Tomaten nicht mehr so aromatisch und saftig schmecken wie früher. Aber wie kriegen wir diese Tomaten zurück?

Zugegeben, die Effekte meiner veganen Ernährung auf unsere Natur und Umwelt sind sicherlich nur ein Tropfen auf den heißen Stein. Aber mehrere Tropfen ergeben ein Rinnsal, viele Rinnsale einen Bach und irgendwann wird es ein mitreißender Fluss. Was bedeutet das konkret? Nichts anderes, als dass ich als Konsument einen direkten Einfluss darauf habe, was mit der Erde passiert, auf der wir leben und wie ich diese Erde an meine Kinder weitergebe.

Ich möchte die Freude an der Zubereitung von Gerichten wieder wecken. Neugierig machen auf unterschiedliche Gemüsesorten und aufzeigen, was man Leckeres aus ihnen zubereiten kann. Ich möchte darauf aufmerksam machen, wie wichtig eine echte Bio-Küche ist. Und wie man es schafft, durch gute Ernährung und gezielte Übungen für körperliche und geistige Fitness zu sorgen. Um dieses Wohlbefinden zu erlangen, habe ich sowohl einen Einstiegsplan erstellt – denn jeder Anfang ist schwer – als auch Übungen zusammengestellt, mit denen jeder flexibel bleibt sowie zu Kraft und auch zur Ruhe kommen kann.

Ich werde Dich mit vielen Tipps und Tricks bei der Umstellung auf die vegane Ernährung unterstützen. Und da Ablehnung bekanntlich oft die Folge von Unwissenheit ist, beantworte ich die Standardfrage: „Was isst Du denn dann noch, wenn Du vegan isst?" mit 90 Rezepten, die leicht nachzukochen sind, schmecken und satt machen.

EINLEITUNG

Der Weg zu „Wohlgefühl" und anhaltender Gesundheit

Wir kennen das alle: Der Tag ist vollgestopft mit Listen voller „To-dos" und meistens ist überhaupt keine Zeit, sich selbst etwas Gutes zu tun. Das führt manchmal dazu, dass wir uns geschwächt, müde und lustlos fühlen. Mein Programm aus gesunder Ernährung und Fitness-Übungen wird Dir helfen, Deinen eigenen Weg zu gehen und Dein ganz persönliches „Wohlgefühl" zu erreichen. Dabei geht es nicht unbedingt primär um das Abnehmen – sollte das aber Dein Ziel sein, kann Dir das Programm auch dabei helfen. Es geht vielmehr darum, wieder mehr Kraft und Spaß zu haben und sich in Momenten der Ruhe auf sich selbst zu besinnen.

Warum vegane Ernährung oder vegane Bio-Küche?

Bevor ich auf die Effekte auf unsere Umwelt, auf das Hungerleiden in anderen Ländern und den Tierschutz zu sprechen komme, möchte ich in diesem Kapitel zunächst etwas über die Effekte auf Körper und Psyche erklären.
Gesundheit gehört zu unseren Grundbedürfnissen. Wir wollen gesund sein. Denn wie Arthur Schopenhauer sagte: „Die Gesundheit ist zwar nicht alles, aber ohne Gesundheit ist alles nichts."
Das können am besten die Menschen beurteilen, denen es nicht immer gut geht. Für Deine Gesundheit kannst Du aber eine Menge tun. Spätestens, wenn Du einer chronischen Krankheit ausgesetzt bist oder immer wieder unter den gleichen Beschwerden leidest, hast Du Dich sicher schon einmal gefragt, was Du unterstützend für Deine Gesundheit tun könntest. Die Ernährung ist ein bedeutsamer Faktor auf dem Weg zur Gesundheit oder um bei Gesundheit zu bleiben.

Ich kenne einige Menschen, die durch die vegane Ernährung, zum Beispiel bei entzündlichen Krankheiten, wie Rheuma oder Magen-Darm-Krankheiten, als auch bei Herzproblemen signifikante Verbesserungen erreichen konnten. Ich selbst kämpfte wegen meiner Kasein-Unverträglichkeit jahrelang mit einer chronischen Nasennebenhöhlenentzündung und einem Reizdarmsyndrom, was nun glücklicherweise der Vergangenheit angehört. Wie praktisch also, dass die vegane Bio-Küche lecker, vielfältig und leicht nachzukochen ist und darüber hinaus einiges für Deinen Körper, Deine Psyche, Deine Umwelt und die Natur im Allgemeinen tun kann.

Bewusst einkaufen = bewusster konsumieren
Ich empfehle, bei der Auswahl der Lebensmittel, die Du einkaufst, und bei der Herkunft der Produkte bewusst zu wählen. Ein ökologischer Anbau sollte Pflicht sein – nicht Ausnahme. Damit tust Du nicht nur Deinem Körper etwas Gutes, sondern auch Deiner Umwelt. Auch Du kannst mit Deinem strategischen Konsum einiges verändern. Zum Glück gibt es heutzutage hervorragende, sehr gut sortierte Bioläden – vor allem in den großen Städten. Auch der althergebrachte wöchentliche Markt lädt ein, von regionalen Bauern zu kaufen. So war es früher, als Bio noch kein Thema war, weil einfach alles automatisch Bio war.

Wie erreiche ich körperliche und geistige Fitness?
Dein persönliches Wohlgefühl lässt sich mit meinem Programm aus Übungen für Kraft und Flexibilität und Ruhe-Übungen erreichen – ganz egal, auf welchem sportlichen Niveau Du im Moment bist. Im Kapitel „Fitness-Triangle" gibt es für jedes sportliche Niveau Übungen, die machbar sind.

Der hervorragende Arzt verändert zunächst die Ernährung und die Lebensbedingungen des Patienten. Erst wenn dies nicht mehr ausreicht, sollten Kräuter und Akupunktur eingesetzt werden.

Sun Si Miao, chinesischer Arzt, 581–682 n. Chr.

Was bedeutet vegane Ernährung?

Eigentlich heißt „vegane Ernährung" per Definition erst einmal nichts anderes als „Ernährung durch Pflanzen". Ich verstehe den Begriff der veganen Ernährung allerdings noch etwas weitreichender, denn die Vollwertigkeit der Nahrung ist mir wichtig. Nährstoffarmes, industriell hergestelltes Essen macht nie richtig satt und fördert somit das Übergewicht. Daher versuche ich, auf bestimmte Lebensmittel zu verzichten beziehungsweise sie stark einzuschränken. Dazu gehören industriell hergestellte Lebensmittel, wie beispielsweise Raffinadezucker (weißer Zucker), Fertiggerichte, industriell verarbeitete und gehärtete Öle und Fette, Weißmehl und Weißmehlprodukte. Das heißt nicht, dass ich sie nicht auch ab und zu esse, aber dann nur ganz bewusst auch nur in geringen Mengen.

Die „China Study", die umfassendste Studie über Ernährung, Lebensweise und Krankheit in der Geschichte der biomedizinischen Forschung, hat bereits vor rund zehn Jahren auf einen engen Zusammenhang zwischen tierischen Lebensmitteln und zahlreichen Krankheiten hingewiesen. Prof. T. Colin Campbell schreibt in dem gleichnamigen Buch sogar: „Durch Ernährung kann Krebs ein- oder ausgeschaltet werden" (Quelle: The China Study, T. Colin Campbell). Und nachdem inzwischen auch Wissenschaftler der Harvard Universität Milchprodukte als potenzielle Krebsauslöser erkannt und aus ihrer Ernährungspyramide weitgehend gestrichen haben, sind die gesundheitlichen Vorteile einer pflanzlichen Ernährung nicht länger von der Hand zu weisen (Quelle: www.hsph.harvard.edu - April 2014).

Grünes Gemüse und Kräuter sind reich an Vitaminen und Mineralstoffen.

Die 10 besten und 10 schlechtesten Nahrungsmittel

Die 10 besten Lebensmittel	Die 10 schlechtesten Lebensmittel
Grüne Blattgemüse wie Grünkohl, Wirsing, Rotkohl, Weißkohl, Spinat, Salat	Gesüßte Milchprodukte wie Eis o. Ä.
Brokkoli, Blumenkohl, Rosenkohl, Fenchel	Transfette, wie z. B. in Fast Food und Fertiggerichten
Cranberrys, Gojibeeren, aber auch alle anderen Beeren	Kuchen, Torten, süße Gebäckstücke
Bohnen aller Art	Würstchen, verarbeitete Fleischprodukte
Pilze	Fleisch, vor allem geräuchertes
Ingwer	Frittiertes, speziell die frittierte
Körner und Samen wie Sesam, Sonnenblumenkerne, Chia-Samen, Kürbiskerne	Kartoffel in jeder Form
Nüsse wie Walnüsse, Pistazien, Mandeln, Pinienkerne, Cashewnüsse	Zu salziges Essen
Tomaten	Soft Drinks, Sodadrinks
Granatapfel	Raffinierter Zucker
	Weißmehl

Vegane Ernährung kann unterstützend wirken

Herz-Kreislauf-Erkrankungen mit hohem Blutdruck und hohem Cholesterinspiegel sind in der heutigen Zeit auf dem Vormarsch. Das ist vor allem auf eine Ernährungsweise mit hohem tierischen Eiweißanteil zurückzuführen. Mit einer pflanzlichen, vollwertigen Ernährung lassen sich Herzprobleme und Bluthochdruck deutlich verbessern. Auch im Kampf gegen Krebs – z. B. bei Brustkrebs oder Dickdarmkrebs – kann vegane Ernährung unterstützend wirken. Übergewicht lässt sich durch das Weglassen von tierischen Proteinen und großen Mengen an raffinierten Kohlenhydraten senken. Kaum ein Vegetarier oder Veganer ist übergewichtig. Aber auch Alterungsprozesse des Gehirns, die oftmals mit Durchblutungsproblemen zusammenhängen, lassen sich aufhalten. Wissenschaftler sehen mittlerweile sogar einen Zusammenhang zwischen Autoimmunerkrankungen und dem Verzehr von Milchprodukten. Und bei Allergien oder Neurodermitis kann der Verzicht auf Milchprodukte entschärfend wirken (weitere Details siehe Interview mit der Ernährungswissenschaftlerin, Mariana Eberhard, auf Seite 26).

Was verändert sich von tierisch zu pflanzlich?

Warst Du zuvor ein starker Fleischesser, hast Du Dich sicher an den Geschmack und die Konsistenz von Fleisch gewöhnt. Fleisch hinterlässt im Magen ein anderes Gefühl, da es schwerer und dichter ist, daher macht es auch träge und müde. Die Pflanzennahrung ist leichter und fühlt sich auch im Magen so an. Der Mensch ist ein Gewohnheitstier und die wenigsten Menschen mögen Veränderung. Wenn es sich also im Magen anfangs zu leer anfühlt, liegt das nur daran, dass er vorher zu voll war. Hast Du Dich erst mal umgestellt, wirst Du das neue Körpergefühl nicht mehr missen wollen. Es stellt sich ein unglaubliches Leichtigkeitsgefühl ein. Die Haut wird schön und strahlt. Du riechst gut. Du hast Energie und bist wacher. Dein Stoffwechsel wird angeregt und funktioniert perfekt. Deine Infektionsanfälligkeit sinkt deutlich und Du fühlst Dich verjüngt und einfach wohl in Deiner Haut. Außerdem wirst Du sensibler, offener, hast eine deutlich klarere Wahrnehmung und empfindest Freude auf einer viel größeren Ebene. Wenn Du dann regelmäßig Übungen einbaust, bist Du ein neuer Mensch mit Kraft und guter Laune.

Tierisches versus pflanzliches Eiweiß

Pflanzliche Nahrung ist generell reich an Proteinen. Der Mythos, dass Pflanzeneiweiße unvollständig seien und man pflanzliche Nahrungsmittel kombinieren müsse, um vollständige Eiweiße zu erhalten, ist falsch. Fakt ist, dass pflanzliche Nahrungsmittel essenzielle und vollständige Aminosäuren enthalten. Das Gerücht, man benötige Fleisch, um den Eiweißbedarf zu decken, ist falsch. Diese Tabelle zeigt, wie viel Eiweiß Du täglich allein durch Pflanzen auf Deinen Teller bringen kannst (Quelle: www.peta.de – April 2014).

Gemüse	
Brunnenkresse	84 %
Champignons	56 %
Spinat	50 %
Brokkoli	45 %
Senfblätter	41 %
Blumenkohl	40 %
Kopfsalat	36 %
Rosenkohl	31 %
Zucchini	30 %
Artischocken	28 %
Grüne Erbsen	27 %
Grünkohl	26 %
Kohl	24 %
Sellerie	21 %
Speiserübe	20 %
Tomaten	19 %
Kartoffeln	18 %
Salatgurken	17 %
Grüner Paprika	17 %
Aubergine	17 %
Rote Bete	15 %
Zwiebeln	9 %
Süßkartoffeln	5 %

Getreide	
Weizenkeime	26 %
Roggen	18 %
Hafer	17 %
Wildreis	16 %
Buchweizen	15 %
Weizen	15 %
Gerste	14 %
Hirse	12 %
Brauner Reis	8 %

Hülsenfrüchte	
Kidneybohnen	58 %
Gartenbohnen	37 %
Sojabohnen	35 %
Linsen	34 %
Erbsen	29 %
Limabohnen	24 %
Kichererbsen	21 %

Nüsse und Samen	
Kürbiskerne	18 %
Erdnüsse	18 %
Sonnenblumenkerne	16 %
Mandeln	15 %
Walnüsse	15 %
Cashewnüsse	13 %
Sesamsaat	12 %
Haselnüsse	9 %

Obst	
Pfirsiche	9 %
Erdbeeren	8 %
Wassermelonen	8 %
Grapefruits	8 %
Orangen	8 %
Honigmelonen	6 %
Mandarinen	6 %
Papayas	6 %
Bananen	5 %
Trauben	4 %
Ananas	4 %
Birnen	3 %
Äpfel	2 %

Superfoods ergänzen optimal

Superfoods sind Lebensmittel, die über einen besonders hohen und konzentrierten Anteil an wertvollen Inhaltsstoffen verfügen, die Krankheiten vorbeugen und unser Wohlbefinden deutlich steigern können. Einige dieser Superfoods siehst Du hier aufgelistet, nicht alle haben es in eines meiner Rezepte geschafft, aber die Chance ergibt sich bestimmt in meinem nächsten Buch.

Acai-Beere: Ist reich an Antioxidantien und den Vitaminen B1, B2, B3, C und E, Phosphor, Kalzium, Kalium, Omega-3 und Omega-9-Fettsäuren.

Agavendicksaft: Ist eine hervorragende Alternative zu Zucker und hat einen niedrigen glykämischen Index.

Chia-Samen: Sind das pflanzliche Produkt mit den höchsten Werten an Omega-3- und Omega-6-Fettsäuren. Außerdem sind sie reich an Antioxidantien, Kalzium, Kalium und Eisen.

Cranberrys: Pflanzenart aus der Gattung der Heidelbeere, die starke Antioxidantien enthält und die Bildung von Zahnbelag reduzieren kann.

Chlorella-Alge: Enthält sehr viel Chlorophyll, welches als das „grüne Blut" der Pflanzen bezeichnet wird. Es ist von seiner chemischen Struktur dem menschlichen Blutfarbstoff Hämoglobin ähnlich, es hilft somit bei der Bildung roter Blutkörperchen, verbessert die Zellatmung und trägt zur Blutreinigung bei.

Erdmandeln: Sind ballaststoffreich und enthalten zahlreiche sekundäre Pflanzenstoffe, z. B. Enzyme, Phytohormone, Biotin (Vitamin H), Rutin und Flavonoide.

Gerstengras: Hat einen überdurchschnittlichen Vitalstoffreichtum und eine ungewöhnliche Nährstoffdichte. Gerstengras kann die Symptome der chronischen Darmerkrankung Colitis ulcerosa lindern und vor Blutgerinnseln schützen.

Ginseng: Mineralstoffe und Spurenelemente sind in überdurchschnittlicher Dichte enthalten, wie als auch das eher seltene Selen.

Gojibeeren: Enthalten alle essenziellen Aminosäuren, eine hohe Dosis an den Vitaminen A, C, E und B. Außerdem können 50 Gramm getrocknete Gojibeeren den Mindesttagesbedarf an Eisen decken.

Granatapfel: Er zählt zu den größten Antioxidantien-Quellen und somit stärksten Abwehrmitteln gegen krankheitsauslösende freie Radikale. Vor allem die antioxidativen Flavonoide und Gerbstoffe und die hohe Konzentration an Vitamin C, Kalium und Pantothensäure (Vitamin B5) zeichnen ihn aus.

Hanfprotein: Ist reich an Antioxidantien, Vitamin E sowie B-Vitaminen. Besonders Vitamin B2 (Riboflavin), das beim Muskelaufbau hilft, ist in Hanf mehr als in tierischen Produkten enthalten.

Ingwer: Ist verdauungsfördernd, magenstärkend und mit einem hohen Gehalt an Vitamin C, Magnesium, Eisen, Kalzium, Kalium, Natrium und Phosphor ausgestattet.

Kakao: Wirkt positiv auf unsere Hautzellen und stimmungserhellend durch die große Menge an Polyphenolen.

Hanföl: Ist reich an Omega-3-Fettsäuren und wirkt entzündungshemmend.

Kürbiskernöl: Enthält viel Selen, Vitamin E und ungesättigte Fettsäuren. Der hohe Anteil an Linolsäure und Phytosterinen hat eine cholesterinsenkende Wirkung.

Kurkuma: Wirkt entzündungshemmend und krebsvorbeugend.

Leinöl: Ist reich an Omega-3-Fettsäuren und wirkt entzündungshemmend.

Leinsamen: Ist reich an Omega-3-Fettsäuren.

Lucuma: Das sogenannte „Gold der Inka" ist reich an Antioxidantien und Ballaststoffen und enthält eine Vielzahl an Mineralstoffen wie Eisen, Kalium, Kalzium und Phosphor.

Maca: Eine Wurzel, die schon von den Inkas für ihre Wirkung gegen chronische Müdigkeit und Depressionen geschätzt wurde.

Matcha-Tee: Dieser Tee macht wach und stärkt die Konzentrationsfähigkeit.

Quinoa: Enthält große Mengen an Mineralstoffen und Eiweiß.

Spirulina-Alge: Eine blau-grüne Alge, die reich an natürlichem und pflanzlichem Eisen, Kalzium, Vitamin A und C sowie an weiteren Vitalstoffen ist. Ihr Eiweißgehalt in der Trockenmasse beträgt etwa 70 Prozent.

Weizengras: Enthält alle acht essenziellen Aminosäuren, hat einen hohen Eisengehalt, viel Pflanzeneiweiß, B-Vitamine sowie die Vitamine A, C und E.

Eine abwechslungsreiche und ausgewogene Ernährung verhindert Mangelerscheinungen.

Mythos Mangelerscheinungen

Als vegan-essende Frau muss ich mich natürlich mit dem Thema Mangelerscheinungen auseinandersetzen. Dabei geht es hauptsächlich um Vitamine und Mineralstoffe, die man angeblich nicht ausreichend zu sich nimmt. Der individuelle Bedarf an Vitaminen und Mineralstoffen variiert – je nach Alter, Geschlecht, Jahreszeit, Klima und Deiner persönlichen Vorliebe für Bewegung und Sport. Theoretisch bedarf es keiner zusätzlichen Vitaminpräparate, solange Du Dich ausgewogen mit einer angemessenen Kalorienzufuhr ernährst. Ein einfacher Bluttest bringt Klarheit darüber, ob ein Mangel, egal welcher Art, vorliegt (siehe Seite 26).

Was heißt das konkret?

Bei Diskussionen um mögliche Mangelerscheinungen dreht es sich vorrangig um die Vitamine B12 und D, Eisen, Kalzium sowie Eiweiß (Protein) (Quelle: www.onegreenplanet.org).
Ich nehme zusätzlich Vitamin B12 zu mir, da ich leider keine Möglichkeit habe, aus einem eigenem Bio-Garten ungewaschene Früchte zu mir zu nehmen. Denn Vitamin B12 wird auch von Mikroorganismen, die sich auf Obst und Gemüse befinden, produziert. Unser Obst und Gemüse waschen wir aber heutzutage immer gut ab. Prinzipiell gilt: „... genauso wie im Körper eines beliebigen pflanzenfressenden Tieres Vitamin B 12 mithilfe von Vitamin-B-12-bildenden Bakterien entsteht, so entsteht es auch in unserem Körper. Die Voraussetzung dafür ist natürlich eine intakte Darmflora." (Quelle: www.zentrum-der-gesundheit.de/vitamin-b12) Es gibt mittlerweile einige vegane Möglichkeiten, Vitamin B12 von außen zuzuführen, dennoch lohnt sich der kritische Blick beziehungsweise die kritische Nachfrage nach den Inhaltsstoffen.
Vitamin D nehme ich speziell im Winter zusätzlich ein. Das hat mit meiner veganen Ernährungsweise allerdings gar nichts zu tun. Einen Vitamin-D-Mangel haben mittlerweile sehr viele Menschen, ganz unabhängig davon, wie sie sich ernähren. Vitamin D spielt eine wesentliche Rolle bei der Regulierung des Kalzium-Spiegels im Blut und beim Knochenaufbau. Allerdings produziert der Körper Vitamin D selbst über die Haut. Von April bis September tanke ich daher Sonne, indem ich täglich 10–15 Minuten (ohne Sonnenschutz) mein Gesicht und meine Arme der Sonne aussetze. Oder eben alle zwei Tage eine halbe Stunde (Quelle: www.bfr.bund.de).
Eisenmangel scheint es eher bei Frauen zu geben. Das hängt auch damit zusammen, dass einige Frauen eine starke Regelblutung haben. Hier hilft es, ab und zu einen Bluttest machen zu lassen. Grünes Blattgemüse, Quinoa, Kürbiskerne, Rote Bete und viele andere Gemüsesorten sind gute Eisenquellen. Zusätzliche Eisenpräparate sollte man nur einnehmen, wenn auch tatsächlich ein Mangel besteht und der muss nicht zwangsläufig durch eine vegane Ernährung entstehen. Das gilt im Übrigen auch für das Vitamin D.
Kalzium ist in Nüssen, Mandeln, Samen und dunkelgrünem Blattgemüse reichlich vorhanden. Eiweiß gibt es, wie schon aufgeführt, reichlich in Gemüse, Hülsenfrüchten und Getreide.

Bewusste Ernährung ist ein Muss für jeden

Insgesamt ernähre ich mich vegan sicherlich noch bewusster, als zu der Zeit, als ich noch Vegetarier war. Ich kenne meine Blutwerte und kann nur jedem raten, sich ab und zu damit zu beschäftigen, bevor man sich der Nahrungsergänzungsmittelindustrie hingibt und wahllos Multi-Vitaminpräparate zu sich nimmt – egal ob Veganer, Vegetarier oder Allesesser.
Natürlich kann ein Pflanzenesser genauso ungesund leben wie ein Allesesser. Es geht um Vielfalt, frische Kost und um Bio-Qualität. Ich ernähre mich so abwechslungsreich wie möglich und jedes Gemüse hat es bei mir schon in den Topf geschafft. Es gibt unzählige pflanzliche Nahrungsmittel mit hervorragenden Vitamin- und Mineralstoffgehalten, Antioxidantien und Spurenelementen. Und mittlerweile wissen wir, dass Antioxidantien Schutzstoffe sind, die zellzerstörende freie Radikale abfangen können und uns somit langsamer altern lassen. Frisches Obst und Gemüse ist Pflicht und wenn es mal nicht zu haben ist, kommt man auch mit Tiefkühlware weiter.
Eines ist klar: Hat man sich erst einmal ein paar Wochen umgestellt und vegan ernährt, fühlt man sich auf vielen Ebenen leichter und besser. Man wird feinfühliger und hat einen direkten Zugang zu seinem Bauchgefühl. Ohne zu esoterisch zu werden – es ist so, dass die Verbindung zu anderen Menschen wieder klarer wird. Und durch die gesteigerte Achtsamkeit, die man für sich selbst aufbringt, steigert sich auch die Achtsamkeit anderen gegenüber. Eine schöne Win-win-Situation.

Gesundheitliche Gründe für eine vegane Ernährung

Was ist so schlecht an Fleisch und Fisch?

Vergessen wir mal die Prozesse der Fleisch- und Fischproduktion und den generellen Aspekt, dass wir Tiere töten. (Darauf gehe ich im nächsten Kapitel ein.) Fleisch enthält eine große Menge an gesättigten Fettsäuren, diese erhöhen den Cholesterinspiegel und verstopfen die Arterien, das führt wiederum zu Bluthochdruck. Fleisch gibt es nicht fettarm, da hilft auch die magere Hühnchenbrust nicht. Außerdem wird der Verzehr von zu viel tierischem Eiweiß mit der Entwicklung von Gebärmutter-, Bauchspeicheldrüsen- und Prostatakrebs in Verbindung gebracht. Der erhöhte Konsum von Eiweiß kann zudem für die Nieren belastend sein und dazu führen, dass verstärkt Kalzium aus den Knochen freigesetzt wird. (Quelle: www.peta.de/milch-hintergrund) Fleisch sorgt dafür, dass der Körper übersäuert. Nicht zuletzt enthält Fleisch fast immer Antibiotika, Krankheitserreger oder Hormone. Ja, auch trotz der Verbote werden immer wieder Rückstände nachgewiesen. Wie viele Bio-Bauern gibt es wirklich, die Tiere frei halten ohne jegliche Zufuhr von Medikamenten? Also Tiere, die komplett gesunde Tiere bei der Schlachtung waren? Und selbst wenn, auch diese Tiere werden in Großschlachthöfen getötet und hinterlassen eine hohe Dosis an Stress- und Angsthormonen in ihrem Fleisch. Und was ist mit dem Fisch? Die hohe Quecksilberbelastung ist schon Grund genug, beim Fischverzehr vorsichtig zu sein. Spätestens nach Fukushima kommt allerdings ein noch ganz anderes Risiko hinzu.

Was spricht gegen Milchprodukte?

Ein gutes Beispiel ist meine Kinderärztin. Sie gibt mir jedes Mal den Rat, meinen Kindern keine Milchprodukte zu geben, wenn sie eine Erkältung haben. Es würde die Verschleimung begünstigen. Weiterhin ist sie der Überzeugung, dass Kinder heutzutage generell zu viele Milchprodukte zu sich nehmen. Dabei galt Milch doch schon seit jeher als gesund? Die Gegenfrage: Kann die hoch konzentrierte Muttermilch eines Tieres, die von Natur aus für dessen Jungtier gedacht ist, gut für den Menschen sein? Wir kämen ja auch nicht auf die Idee, menschliche Muttermilch in unseren Kaffee zu geben. Ein erster Schritt zur Erkenntnis, dass wir diese tierische Muttermilch nicht vertragen, zeigt sich daran, dass es mittlerweile ein großes Angebot an laktosefreien Milchprodukten gibt. Es geht aber nicht nur um den Milchzucker, sondern auch um das Milcheiweiß Kasein. Auch das wird von den meisten Menschen nicht vertragen. Laut der American Gastroenterological Association ist Kuhmilch die Hauptursache für Nahrungsmittelallergien unter Säuglingen und Kindern. Die meisten Kinder

Es gibt zahlreiche pflanzliche Alternativen zu Kuhmilch, wie z. B. Mandel- oder Reismilch.

Rein pflanzliche Nahrung enthält viele sekundäre Pflanzenstoffe, Mineralstoffe und Vitamine.

produzieren bereits ab dem zweiten Lebensalter weniger Laktase, das Enzym, das für die Spaltung von Milchzucker erforderlich ist (Quelle: www.peta.de). Und weil das Enzym versagt, überleben unverdaute Fragmente dieser Proteine im Darm. Die Fragmente wirken auf den Körper wie Viren und unser Immunsystem springt an. Das Immunsystem arbeitet dann ständig, aber stetig schlechter. Das merkst Du dann in der klassischen Erkältungszeit, wenn Du immer länger brauchst, um Dich von einer Erkältung zu erholen.

Die konkreten Auswirkungen sind dennoch von Mensch zu Mensch unterschiedlich. Die Symptome, die sich daraus entwickeln, können extrem vielfältig sein und sich zeitlich zwischen zwei Stunden bis drei Tagen später abspielen. Die Auswirkungen können diffus oder deutlich zu spüren sein. Eine britische Studie kam zu dem Ergebnis, dass Menschen, die an Herzrhythmusstörungen, Asthma, Kopfschmerzen, Erschöpfung und Verdauungsproblemen litten, einschneidende und oftmals hundertprozentige gesundheitliche Verbesserungen zeigten, nachdem sie den Verzehr von Milch einstellten (Quelle: www.peta.de). Milchprodukte werden zudem in hohem Maße mit der Entstehung von Krebs in Verbindung gebracht. Dies liegt zum Teil auch an den zusätzlichen Hormonen, die den Milchkühen zugeführt werden. Vor allem Brustkrebs kommt in den Ländern, in denen Frauen viele Milchprodukte konsumieren, verstärkt vor. Und um mit einem Gerücht in Bezug auf eine weitere frauenspezifische Krankheit und den Konsum von Milchprodukten aufzuräumen:

Milchprodukte sind keine „Helferlein", um der Osteoporose vorzubeugen. Fakt ist, dass Knochen durch den Verzehr von Milchprodukten eher schwächer werden, weil sie übersäuern. In Ländern mit keinem oder sehr geringem Milchkonsum findet man auch die niedrigsten Osteoporoseraten.

Welche Nahrungsmittel irritieren meinen Körper?

Die Kombination aus viel Zucker und viel Fett, wie in Fertigprodukten, wird zwar massenhaft konsumiert, sie wirkt aber wie eine Droge auf das Gehirn und die Psyche. Zu viel Zucker in unserem Blut entzieht Vitamine und Mineralstoffe aus Blut und Knochen und schwächt damit das Immunsystem. Nicht zuletzt wird weißer Zucker auch mit Krebs in Verbindung gebracht, weil der Körper durch den hohen Zuckerkonsum viel Insulin ausschüttet und dies bestimmte Krebszellen zum Wachstum anregt. Darüber hinaus trägt er zu Diabetes bei und kann zu Übergewicht führen. Fertigprodukte sind also sicher immer die schlechtere Wahl – selbst die veganen. Ab und an stellen sie aber wahrscheinlich eine akzeptable Alternative dar. Wenn dem so ist, dann achte auf die Inhaltsstoffe und deren Herkunft. Wenn Du zu Hause bist und entscheiden musst, ob Du selbst kochst oder ein Fertiggericht isst, dann stelle Dir einfach die Fabrik vor, in der das Produkt hergestellt wurde und die endlosen Skandale im täglichen Fabrikbetrieb, von denen Du sicher schon gehört hast. Das erinnert daran, dass die frische, vollwertige Küche den Fertigprodukten vorzuziehen ist.

Globale Gründe für eine vegane Ernährung

Unschlagbare Fakten

Die Ernährungsgewohnheiten in unserem Land, wie auch auf der ganzen Welt, haben sich in den letzten 100 Jahren drastisch verändert. Besonders drastisch ist der Pro-Kopf-Verbrauch von Hülsenfrüchten eingebrochen: Zu Beginn der 1960er-Jahre wurden noch knapp zwei Kilogramm Hülsenfrüchte pro Kopf verbraucht, 2006 waren es nur noch 0,5 Kilogramm. Noch deutlicher ist der Konsumrückgang bei Kartoffeln. Hier ist seit den 1950er-Jahren ein kontinuierlicher Abwärtstrend zu beobachten. 1950 wurden noch fast 200 Kilogramm und damit das Dreifache des heutigen Pro-Kopf-Verbrauchs verzehrt. Gleichzeitig gab es einen drastischen Anstieg des Fleischkonsums seit den 1960er-Jahren bis zu Beginn der 1990er-Jahre, der bis heute auf sehr hohem Niveau geblieben ist. Das bedeutet, dass heute viermal mehr Fleisch gegessen wird als 1850 und doppelt so viel wie vor 100 Jahren (Quelle: WWF-Studie „Fleisch frisst Land", 2011).

Die Monokulturen in der Agrarwirtschaft, die Überzüchtung der Tiere, die weiter fortschreitende Gewinnmaximierung und Effizienzsteigerung kann nicht gesund sein und hat ihren Preis. Nicht nur, dass die Fleischproduktion zum Klimawandel beiträgt – wie z. B. die Kühe in der Massentierhaltung, die für 19 Prozent des Methanausstoßes verantwortlich sind – die Fleischproduktion verschlingt einfach zu viele Ressourcen (Quelle: Bayerisches Staats- ministerium für Ernährung, Landwirtschaft und Forsten, www.aelf-uf.bayern.de). Hier noch einige weitere, wichtige Aspekte:

- Rinder leben kurz und schlecht, aber vernichten in der Zeit enorme Mengen an Mais, Weizen und Soja. Allein Rinder fressen weltweit jährlich Getreidemengen, die 8,7 Milliarden Menschen ernähren könnten. Im Moment sind etwa eine Milliarde Menschen unterernährt. Nur ein Teil dieser Getreidemenge, die für die Rinderzucht benötigt wird, könnte dafür sorgen, die Hungerleidenden zu ernähren (Quelle: Dokumentarfilm „Gabel statt Skalpell", www.forksoverknives.com).
- Je nach Fleischsorte benötigt man pro Kilo Fleisch 7 bis 16 Kilogramm Getreide oder Sojabohnen zur Fütterung. Mit 16 Kilogramm Getreide können also entweder zwanzig Menschen direkt ernährt werden oder 1 bis 2 Kilogramm Fleisch erzeugt werden, mit denen man schlussendlich nur zwei Menschen ernährt (Quelle: „The Global Benefits of Eating Less Meat" von Mark Gold und Jonathon Porritt).

Nur die Umstellung auf die vegane Ernährung kann die Nutztierhaltung verhindern.

Die Fleischproduktion benötigt zehnmal mehr Energie als die Produktion pflanzlicher Lebensmittel.

- 15 000 Liter Wasser werden für die Produktion von einem Kilogramm Rindfleisch benötigt, aber nur 1800 Liter Wasser für ein Kilogramm Sojabohnen. Auf der gleichen Fläche, die man benötigt, um 15 Kilogramm Rindfleisch zu erzeugen, können ebenso 4000 Kilogramm Äpfel oder 6000 Kilogramm Karotten erzeugt werden. Anhand dieser Fakten sollte man erkennen, dass Fleisch eine sehr effektive Form der Nahrungsmittelvernichtung ist. (Quelle: „Fleisch ist ein Stück Lebenskraft", www.pro-regenwald.de)

- Man braucht zehnmal mehr Energie für die Produktion einer Kalorie tierischer Herkunft als für die Produktion einer Kalorie pflanzlicher Nahrung. Jede Minute wird eine Fläche des Regenwaldes zerstört, der vierzig Fußballfeldern entspricht. (Quelle: Dokumentarfilm „Gabel statt Skalpell")

- Jedes Jahr werden männliche Küken in zweistelliger Millionenhöhe getötet. Sie können keine Eier legen und taugen somit nicht für die Eierproduktion. Und als Brathähnchen auch nicht, weil dafür eine andere Art verwendet wird. (Quelle: „Küken in der Eierindustrie", www.peta.de)

- Der Beifang in der Krabbenfischerei beträgt 9 Kilogramm pro Kilo Krabben. Die Meere werden quasi leer gefischt. Die Lachse und Forellen auf den Tellern stammen zum Großteil aus Aquakulturen, in denen die Fische auf engstem Raum gehalten werden und mit Medikamenten und Chemie versorgt werden. (Quelle: WWF-Studie „Krabbenbeifang", www.wwf.de)

- Milchkühe bekommen Antibiotika und Hormone, die man in Gebieten der Viehzucht in umliegenden Flüssen und Seen noch nachweisen kann. Zudem brauchen sie enorm viel Energie, Wasser und Futter – Rohstoffe, die auch direkt vom Menschen konsumiert werden könnten, anstatt unwirtschaftlich über das Tier in unseren Organismus zu gelangen.

- Die industrielle Landwirtschaft ist für 18 Prozent der weltweiten Emissionen verantwortlich, das ist mehr als der gesamte Transportsektor (Quelle: „Klimaschutz und Emissionshandel in der Landwirtschaft", Umweltbundesamt).

Wir haben eine Verantwortung unseren Kindern gegenüber. Es gibt so viele Kinder heutzutage, die nicht mehr wissen, woher ihre Nahrung kommt und wie sie im Rohzustand einmal ausgesehen hat. Sie können keine Gemüsesorten benennen und nehmen im frühen Alter die gesundheitsschädliche Mischung aus viel Fett und viel Zucker in Form von Fertigprodukten in sich auf. Die Pharmaindustrie freut sich: Das sind die Fettleibigen und Kranken von morgen. Also gehen wir lieber mit gutem Beispiel voran und zeigen unseren Kindern, wie es geht. Es ist Zeit umzudenken und verantwortungsvoll mit uns, unseren Mitmenschen und der Umwelt umzugehen.

Wie funktioniert vegane Ernährung im Alltag?

„Fange ich heute oder erst lieber morgen an?"

Ich habe einige Freundinnen, die sich mindestens immer dann vegan ernähren, wenn sie mit mir zusammen sind und auf diese Weise immer mehr die vegane Ernährung in ihren Alltag einbauen. Eine Freundin, mit der ich drei Tage im Wellness-Urlaub war, hatte sich während dieser Zeit meiner veganen Kost angeschlossen. Ich hatte vorher im Hotel Bescheid gegeben. Das Resultat war erfreulich, wir hatten sogar unsere eigene kleine Menükarte am Abend.

Es ist eine Charaktersache, ob Du eine Veränderung abrupt durchziehst oder Dir Zeit lässt und die Dinge einfach ausschleichen lässt. Ich persönlich war nur bei der Milch ein solcher „Ausschleicher". Ich mochte einfach morgens meinen Cappuccino mit geschäumter Milch zu gerne. Und der schmeckte mit Kuhmilch zunächst anders als mit pflanzlicher Milch. Also habe ich die Milchsorten gemischt und täglich weniger Kuhmilch und mehr pflanzliche Milch genommen, bis ich die Kuhmilch gar nicht mehr brauchte. Und dann schmeckte die Mandel-, Hafer-, Reis- oder Sojamilch doch.

Wenn Du schon mal eine Diät gehalten oder Dir ein Laster abgewöhnt hast (z. B. Schokoladensucht, Coca-Cola-Sucht) hast Du sicher gemerkt, dass sich die Geschmacksnerven umstellen können. Die ersten Tage sind allerdings für den Körper komisch. Du bist wie auf Entzug, zappelig und vielleicht auch unzufrieden oder grantig. Häufig ist die Sucht nach den Nahrungsmitteln besonders groß, die einem nicht gut bekommen. Werden diese Lebensmittel dann aus der Ernährung gestrichen, stellen sich Entzugserscheinungen ein. Aber der Körper versteht schnell, dass Du ihm etwas Gutes tun möchtest.

Vegan zu essen, bedeutet weder mehr Arbeit, noch brauchst Du mehr Zeit. Eventuell wirst Du am Anfang etwas Geld investieren müssen, um die Grundzutaten, bestimmte Gewürze und Küchenhilfen zu kaufen, aber langfristig gesehen ist die vegane Küche nicht teuer. Ich kann Dir versprechen – es wird Dir schmecken!

Utensilien, die das Kochen erleichtern

Es gibt einige Utensilien, die mir das Zubereiten der Speisen erleichtern. Vielleicht lohnt es sich, über einen Kauf nachzudenken.

- Wok-Pfanne, beschichtet
- Normale Pfanne, beschichtet
  (Vorsicht: Die Beschichtung in der Pfanne darf auf keinen Fall beschädigt sein, sonst wird sie gesundheitsschädigend.)
- Küchenwaage, denn ohne sie müsstest Du beim Nachkochen meiner Rezepte immer schätzen
- Edelstahl-Kochtöpfe
- Edelstahl-Schüsseln, in verschiedenen Größen
- Ein großes scharfes Gemüsemesser sowie ein scharfes kleines Messer – gute Messer sind wichtig, sonst macht das Kochen keinen Spaß
- Mixer o. Ä. und/oder Stabmixer
- Teigschaber
- Gemüseschäler (Tomatenhaut- oder Kiwischäler)
- Schneidebrett, aus Bambusholz o. Ä.
- Sieb, nicht aus Plastik
- Ofenfeste Auflaufform, aus Edelstahl oder Keramik
- Lurch Spiralschneider: Der Lurch ist ein Küchengerät, mit dem man dekorative Spiralen, Spaghetti oder Scheiben aus Obst und Gemüse schneiden kann. Es kann aber auch ein Spargelschäler dafür verwendet werden.

Tipps für die Speisekammer

Es gibt einige Lebensmittel, die ich eigentlich immer zu Hause habe und Du wahrscheinlich zum Teil auch. Mit der folgenden Liste kannst Du fehlende Dinge auf Vorrat einkaufen, damit Dir die nächsten Wochen keine Grundzutaten fehlen. Alles Frische wirst Du sowieso nach Bedarf kaufen.

Gewürze: Ein umfangreicher Gewürzschrank, mit zum Beispiel Kurkuma, Garam Masala, Kreuzkümmel, Kardamom, Currymischung je nach Geschmack, italienische Kräuter, Oregano, Thymian, Vanille, Zimt, gutes Steinsalz, Himalaya Ur-Salz, frische Pfefferkörner und möglichst viele Kräuter frisch dazu kaufen.

Außerdem: Bio-Shoya, Mikawa Mirin, veganes rotes Pesto (selbst gemacht oder gekauft), vegane Brühwürze, Gemüsebrühe (selbst gemacht), Senf (unterschiedliche Sorten), Tomatenmark, Tahin, Currypaste, Ingwerpaste, Kokosmilch zum Kochen, Tomaten aus dem Glas oder der Dose (passiert und stückig).

Öle und Essig: Olivenöl, Sesamöl, Sonnenblumenöl, Leinöl, Nuss-
öle, Kürbiskernöl, Balsamico-Essig, Apfelessig.

Alternative Süßungsmittel: Reissirup, Agavendicksaft, Ahornsirup,
Rohrohrzucker.

Milchersatz: Pflanzenmilch, wie zum Beispiel Sojamilch, Hafer-
milch, Dinkelmilch, Reismilch, Mandelmilch. Am besten versuchst
Du unterschiedliche Marken, denn Hafermilch ist nicht gleich
Hafermilch und Mandelmilch nicht gleich Mandelmilch. Der
Geschmack variiert von Marke zu Marke enorm. Probiere selbst
aus, was Dir am besten schmeckt.

TIPP

*Sojamilch sollte nicht in zu hohen Mengen konsumiert werden,
vor allem nicht von Kindern und Männern. Bei Frauen kann Soja,
das den Östrogenspiegel hebt, positive Effekte auf Wechseljahr-
beschwerden haben, aber auch negative in puncto Brustkrebs.*

Joghurt, Käse, Sahne, Aufstrich: Vegane Butter gibt es mittlerweile schon fast überall zu kaufen. Als Brotaufstrich gibt es
mittlerweile so viele vegane Alternativen, da wirst Du im Bio-
Laden alles finden, was Du brauchst. Und selbst in normalen
Supermärkten gibt es mittlerweile beispielsweise Humus.
Sojajoghurt und Sojasahne nutze ich ab und zu für Süßspeisen
oder um eine Sauce abzurunden. Zum Frühstück im Müsli esse
ich auch Sojajoghurt. Trotzdem solltest Du es mit dem Verzehr
dieser Produkte nicht übertreiben.

Die diversen veganen Käseersatzprodukte überzeugen mich
nicht. Vielleicht brauchst Du aber am Anfang noch etwas Käse-
ersatz auf der Pizza.

Vollkornprodukte: Brauner Reis, Wildreis, Quinoa, Amaranth,
Hirse, Hafer, Basmati-Naturreis, Reisnudeln, Vollkornnudeln,
Vollkornmehle gehören in jeden Vorratsschrank.

Hülsenfrüchte: Linsen (unterschiedliche Sorten), Kichererbsen,
Erbsen, Kidneybohnen, Bohnen aller Art. Konserven sind ab und
zu in Ordnung. Auf Dauer würde ich allerdings die Trockenware
bevorzugen, denn die Bohnen aus der Konserve enthalten viel
Zucker und Salz. Vor der Verwendung also bitte gründlich mit
Wasser abspülen.

Tofu in unterschiedlichen Varianten: Für alle Einsteiger ist der
Naturtofu meist zu langweilig, obwohl er eigentlich den größten
Spielraum bei der Verwendung lässt, da er jeden Geschmack
dankbar annimmt. Aber vielleicht ist es beim Start leichter,
schon gewürzte Tofusorten zu verwenden. Du wirst sehen es
gibt mittlerweile zig Sorten.

Gemüse: Manche Sorten kannst Du auf Vorrat kaufen, da sie sich
ein paar Tage gut im Kühlschrank halten, andere solltest Du
lieber sehr frisch kaufen.

- Karotten, Fenchel, Ingwer, Kürbis, Kartoffeln, Süßkartoffeln
  halten sich ein paar Tage.
- Salat, Spinat, Champignons, Tomaten, Auberginen, Zucchini
  u. a. solltest Du lieber frisch kaufen und zügig auf den
  Teller bringen.

Obst: Etwas frisches Obst solltest Du immer zu Hause haben.
Gerade beim Frühstück gibt Obst einen schönen Start in den Tag.
Äpfel halten sich gewöhnlich eine Weile und je kühler und dunk-
ler sie gelagert werden, desto besser. Ich persönlich liebe frische
Beeren auf meinem Müsli.

Bananen, Grapefruits oder Orangen findet man bei mir auch.
Allerdings verzehre ich diese nicht übermäßig. Tiefkühl-Beeren
habe ich immer da, um mir jederzeit einen Smoothie machen zu
können.

Zum Naschen: Wenn es zwischendurch mal etwas zum Naschen
sein muss, esse ich dunkle Schokolade mit mindestens 80 Prozent Kakao-Anteil oder Nüsse, wie Mandeln, Cashewnüsse oder
Walnüsse.

Fleischersatzprodukte: Im veganen Supermarkt gibt es ein Menge
Fleisch- und Fischersatzprodukte. Meine Küche besteht nicht
darin, Fleisch zu ersetzen. Ich koche eine gesunde, abwechslungsreiche Gemüseküche und Fleisch ist schon seit Jahrzehnten
kein Thema mehr für mich. Daher findest Du bei mir auch keine
Tempeh- oder Seitan-Rezepte, die manche anderen Veganer gerne
mögen. Meine Gründe sind ganz einfach: Seitan ist reines
Weizengluten und somit aus meiner Sicht nicht sonderlich zu
empfehlen. Tempeh ist sicherlich etwas für den fleischgewohnten
Gaumen, da es sehr intensiv schmeckt – für meine Geschmacks-
knospen allerdings zu intensiv.

Vielfältigkeit ist sinnvoll, aber wie kaufe ich ein?

Ich denke nicht ständig darüber nach, wie viel von welchem
Vitamin oder Mineralstoff eine Gemüse-, Getreide- oder Bohnen-
sorte enthält. Ich versuche einfach, sehr vielfältig zu essen. Und
obwohl ich meine Lieblingsgerichte habe, versuche ich, sie nicht
allzu oft zu essen. Je mehr Du variierst, desto sicherer ist es,
dass Du von allen Vitaminen und Mineralstoffen genug
bekommst. Werde Dir Deines Einkaufsverhaltens bewusst. Ich bin
sicher, dass Du bei Deinem wöchentlichen oder täglichen Einkauf
im Grunde immer zu den gleichen Lebensmitteln greifst. Nimm
Dir ab jetzt vor, in der Gemüseabteilung immer mal eine Sorte
auszuwählen, die sonst nicht in Deiner Küche vorkommt. Wähle
zu Beginn eine, die Du in meinen Rezepten wiederfindest, und
wenn Du etwas Routine erlangt hast, probiere auch mal fremdes
Gemüse, Wurzeln, Getreide oder getreideähnliche Lebensmittel.
Abwechslung und Vielfalt sind der Schlüssel zu ausgewogener Ernährung. Denn was das eine Gemüse vielleicht nicht bieten kann,

trägt ein anderes in sich. Prinzipiell ist es immer eine gute Idee, mit der Saison zu gehen und tropische Früchte im Winter weitgehend zu meiden. Salz sollte immer mitgekocht und nicht hinterher dazugegeben werden.

Nüsse sind gesund, haben aber auch einen hohen Fettgehalt und sollten nur kontrolliert gegessen werden.

Das alte Sprichwort „das Auge isst mit" gilt nach wie vor. Schwarzer Sesam, frisch gehackte Kräuter oder geröstete Kerne dienen hervorragend dazu, ein Gericht optisch und geschmacklich aufzupeppen. Bei der Auswahl eines Gerichts werde Dir darüber klar, wie Du Dich gerade fühlst und wie der Rest Deines Tages noch aussehen wird. Ist es noch früh am Tag? Wirst Du noch die Möglichkeit haben, Sport beziehungsweise Übungen zu machen? Hat Dein Körper noch Zeit, die Nahrung ordentlich zu verdauen? Bevor ich einkaufen gehe, überlege ich mir drei oder vier verschiedene Rezepte, auf die ich Lust hätte, und sorge dafür, dass ich entsprechende Lebensmittel ergänze, die ich nicht standardmäßig immer zu Hause habe.

Das Zusammenleben mit Allesessern

Bei mir zu Hause gibt es nur noch veganes Essen. Meinen früher fleischliebenden Ehemann habe ich mit meiner leckeren veganen Küche längst überzeugt. Meine Kinder besuchen einen Kindergarten mit frischer Bio-Küche und dürfen dort alles essen. Hier ist mir die Psyche der Kinder einfach wichtiger. Sie in jungem Alter in eine Außenseiterrolle zu drängen, halte ich für unklug. Und einmal Bio-Fisch und einmal Bio-Fleisch pro Woche für meine Kinder kann ich vertreten. Unser 5-jähriger Sohn mag sowieso kaum noch Fleisch essen. Die Kinder spüren das selbst und machen ja meist sowieso nach, was ihre Eltern tun. So kommt es auch, dass er, nachdem er nie Kuhmilchjoghurt essen wollte, nun sehr gerne Sojajoghurt isst. Hier sei gesagt, dass dies in kleinen Mengen erfolgt, denn Soja kann den Östrogenspiegel im Blut erhöhen und das sollte bei Kindern auf keinen Fall passieren. Sind wir bei Freunden eingeladen, bringe ich einfach etwas mit oder bespreche mich vorher mit den Gastgebern. Ich will ja nicht, dass sich meine Freunde wegen uns schlecht fühlen oder denken, sie seien schlechte Gastgeber. Kommen Freunde uns besuchen, genießen sie immer meine Gerichte und nehmen ordentlich Nachschlag. Die Verwunderung ist ihnen meist ins Gesicht geschrieben. Ich halte nicht viel von Belehrung, lieber zeige ich anhand von leckeren Rezepten, dass man sich bei einer pflanzlichen Ernährung weder einschränken muss, noch dass es sonderlich schwierig zu kochen ist.

Vor ein paar Monaten wollte ich abends mit meinen Freundinnen zum Essen gehen. Das ist immer eine Herausforderung, mit einer Veganerin in der Runde. Wie schön, dass wir da zufällig einen alten Bekannten auf der Straße trafen, der sich mittlerweile auch vegan ernährt. Er erzählte, dass eines unserer Lieblingsrestaurants jetzt auch einige vegane Gerichte auf der Karte anbiete, da der Besitzer nun selbst Veganer geworden sei. Das ist echter Fortschritt! Interessanterweise haben beide nicht-vegan-essenden Freundinnen vegane Speisen gewählt. Es war herrlich unkompliziert im gewohnt netten Umfeld und zudem lecker.

Die schnelle vegane Küche

Wenn die Zeit fehlt, ein schönes Gericht zu kochen, gibt es einige Möglichkeiten, auch auf die Schnelle ein gutes Essen zu zaubern. Ich sorge immer dafür, dass ich bei Gerichten mit Reis oder Quinoa mehr zubereite als für das Gericht nötig ist. So habe ich für den nächsten oder übernächsten Tag schon mal eine gute Grundlage. Mit der Grundlage lässt sich ganz schnell eine gebratene Gemüsepfanne mit Reis oder Ähnliches zaubern. Übrig gebliebenes Gemüse oder Gemüse, das sonst verdirbt, eignet sich hervorragend für eine Suppe. Püriert kann man eigentlich jede Suppe mit guten Gewürzen zum Highlight machen.

Ich stehe total auf Sommerrollen. Du findest ein Standardrezept im Rezeptteil, aber bei den Zutaten kannst Du Deiner Fantasie freien Lauf lassen. Mit einem leckeren Dip sind diese Rollen ein hervorragendes Abendessen und auch für unterwegs geeignet. Manchmal mache ich mir auch gerne schnell eine Pizza oder eine Pita-Pizza. Die Rezepte findest Du im Rezeptteil. Auch in diesem Fall kannst Du die Pizza je nach Laune und Inhalt Deines Kühlschranks belegen.

Vom Fleischesser zum Vegan-Anhänger

Vielleicht inspiriert Dich die Geschichte meines Mannes. Er war ausgeprägter Fleischliebhaber, Grillmeister und Allesesser und wurde zum Fan der veganen Kost.

Ich? Veganisch!

Wie konnte das nur passieren? Ein Buch mit sieben Siegeln. Ein Rätsel. Ich, männlich, 38 Jahre alt, ernähre mich vegan! Rückblende: Bis zum 6. Juni 2004 war alles noch wie gehabt. War gesund, ernährte mich gesellschaftskonform hauptsächlich mit Fleisch. Pute, Schwein, Rind – im Zweifel auch gerne ein Wiener Schnitzel. Unter gesunder Ernährung verstand ich damals, dass ich zum Fleisch nur Gemüse oder Salat zu mir nehme. No Carbs (keine Kohlenhydrate) wirkt bei Männern immer noch am besten. Ernährungsbewusstsein 2004.

Der schicksalsträchtige Tag im Juni. Ich lernte meine heutige Frau Nicole kennen. Ich hatte ja keine Ahnung, dass sie bereits seit vielen Jahren Vegetarierin war. Liebe macht blind. Es kam, wie es kommen musste. Fleisch gab es zu Hause immer seltener. Zum Thai-Curry machte ich mir aber immer noch ein bisschen Pute. Und der „Weber Q100-Grill" blieb weiterhin meine Domäne. Ich war der Grillmeister mit der super Marinade. Gesundheitliche Beschwerden wurden ignoriert und auf keinen Fall auf meinen Fleischkonsum zurückgeführt. Und auch ethisch-moralische Bedenken, die ich in Bezug auf Massentierhaltung hatte, wurden beiseitegeschoben. Es war ja so lecker. Ein Phänomen, dass ich auch heute besonders bei Männern sehr oft feststelle: „Ich esse ja kaum Fleisch – und wenn, dann nur vom Bio-Bauernhof!" – Aber sicher doch!

Alles vorbei. Zum Glück. Heute 2014 bin ich meiner Frau von Herzen dankbar, dass sie mich nicht nur zum Vegetarier, sondern zum Veganer gemacht hat. Ohne mir die Pistole auf die Brust zu setzen, sondern mit Überzeugung und unfassbar leckerem Essen. Es begann mit dem schleichenden Entzug von Fleisch – ja das Wort beschreibt es korrekt. Weniger und seltener Fleisch. zu Hause kein Fleisch mehr. In der Kantine auch mal nur Salat. Und siehe da: Ich bin nicht verhungert, es war sogar ausgesprochen lecker. Sommer 2012 schließlich in Deutschland: Eierskandal, Bio-

Skandal, TV-Dokus auf allen Sendern. Die Medien waren voll von Horrormeldungen über Lebensmittelskandale in Deutschland. Das war der Wendepunkt. Es ging nicht mehr. Eines Morgens schließlich sagte ich zu Nicole: „Ich bin jetzt auch Vegetarier!" Aus eigener voller Überzeugung. Wenige Monate später sogar der Wandel zum Veganer.

Leider ist die vegane Ernährung in vielerlei Hinsicht schwierig. Auch für die eigenen Geschmacksnerven. Die kannten bisher hauptsächlich tierische Produkte. Also begann ich zuerst meinen Cappuccino mit Sojamilch zu mischen, Sojajogurt mit Kuhmilchjoghurt. Räuchertofu statt Fleisch. 70-prozentige Schokolade statt Kinderschokolade. Und siehe da: Meine Geschmacksnerven stellten sich sehr schnell um. Ich konnte die Kuhmilch, die ich bisher wirklich innig liebte, nicht mehr riechen. Fürchterlich.

Sich vegan zu ernähren, ist aber auch in sozialer Hinsicht eine Herausforderung. Speziell unter Männern. Südtirol 2014: Männer-Tennistrainingslager. Meine Kumpels kannten mich bisher nur als „Normal-Esser": Fleisch, Sättigungsbeilage, Gemüse. So weit so gut. Am ersten Teamabend beim Italiener bestellte ich eine Pizza mit viel Gemüse – ohne Käse! Stille. Ruhe. Fassungslosigkeit. Und dann ging es los. Eine Frage jagte die andere. „Was isst du denn dann noch?" – „Das Damentrainingslager ist nächste Woche!" (Lacher!) – „Draußen habe ich eine Menge Löwenzahn für Dich gesehen." (Noch mehr Lacher!). Das ging gefühlt mehrere Stunden so und wiederholte sich am zweiten Abend. Das kann anstrengend sein. „Also ich könnte mich nicht veganisch! ernähren", sagte zum Schluss einer der Jungs.

Nach der letzten Trainingssession sagte mein amerikanischer Coach zu mir: „Richte Nicole liebe Grüße aus. Ich werde jetzt auch Veganer, damit ich auch so fit werde wie Du!" Ich reiste trotz Muskelkater mit einem Lächeln aus dem Trainingslager ab und freute mich riesig auf mein Lieblingsgericht: Thai Curry à la Nicole (Seite 164).

Der 21-Tage-Einstiegsplan

Psychologen sagen, dass es 21 Tage dauert, eine geliebte Gewohnheit zu brechen.
Das heißt aber auch: Am 22. Tag hast Du es geschafft!

Der perfekte Start

Schau Dir am besten Deinen Kalender an und suche einen Startzeitpunkt aus, an dem Du nicht zu viel unterwegs bist oder woanders übernachten musst. Nimm Dir auch viel Zeit für Deinen ersten Einkauf. Du wirst Dich mit neuen Produkten auseinandersetzen und vielleicht wirst Du einen ganz neuen Markt aufsuchen müssen, weil Dein jetziger die Produkte, die Du brauchst, gar nicht anbietet. Möglicherweise wirst Du auch einige Zeit damit verbringen, die Inhaltsstoffe der Produkte zu prüfen – es sei denn, Du gehst gleich in einen veganen Supermarkt. Beim Lesen der Inhaltsstoffe sollte Dir außerdem bewusst sein, dass zwar alle Zutaten aufgelistet werden müssen, nicht aber deren Trägerstoffe. Das bedeutet, dass häufig Vitamine oder Aromen mit Gelatine oder anderen tierischen Substanzen beigefügt werden. Also lass Dir Zeit, zu stöbern und zu entdecken. Lass Dich ganz in Ruhe auf das Neue ein!

Der 21-Tage-Rezeptplan

Mein Rezeptplan ist natürlich nur ein Vorschlag und kann nach Belieben abgeändert werden. Plane ein, dass Du jeden Abend mindestens 10 Minuten damit verbringst, den nächsten Tag vorzubereiten. Überlege, wo Du zu welcher Mahlzeit bist und was Im Voraus zu erledigen ist.
• Ich gehe bei diesem Plan von einer Arbeitswoche von Montag bis Freitag aus. Der Sonntag ist der Tag, an dem man meist mehr Zeit hat und somit vielleicht gerne etwas länger in der Küche verbringt. Gestaltet sich Deine Arbeitswoche in einem anderen Rhythmus, dann tausche die Tage einfach entsprechend aus.
• Alle Mittagsgerichte sind so ausgewählt, dass Du sie auch am Abend vorher zubereiten und mitnehmen kannst, falls Du mittags außer Haus, im Büro oder einfach unterwegs bist. Wählst Du diese Variante, wirst Du abends etwas mehr als die 10 Minuten brauchen, um Dein Mittagessen vorzubereiten.

Eine gute Gesundheit ist der Grundstein für ein gutes Leben.

Tag	Frühstück	Mittagessen
1 Montag	Açai-Beeren-Shake (S. 80), Müslivariation mit Beeren und Sojajoghurt (S. 96)	Lauwarmer italienischer Pastasalat (S. 146)
2 Dienstag	Vollkornbrot mit Erdbeerkonfitüre (S. 90), frisches Obst	Gemüse-Couscous (S. 162), etwas vom Couscous für den nächsten Tag übrig lassen
3 Mittwoch	Birchermüsli (S. 94), Lucuma-Smoothie (S. 80)	Couscous-Falafel-Wrap (S. 148)
4 Donnerstag	Apfel-Trauben-Spinat-Smoothie (S. 78), Müslivariation mit frischem Obst und Hafermilch (S. 96)	Spinat-Avocado-Quinoa-Salat (S. 114)
5 Freitag	Bananenbrot mit Erdbeerkonfitüre (S. 90) oder Schoko-Nuss-Aufstrich (S. 90), Früchtejoghurt mit Crunch (S. 94)	Sommerrolle mit Erdnussdip (S. 116)
6 Samstag	Dinkelgrießbrei mit getrockneten Früchten (S. 92), Sellerie-Orange-Ingwer-Smoothie (S. 78)	Leichtes Wok-Gemüse (S. 134)
7 Sonntag	Pancakes (S. 80), Frappuccino (S. 76)	Thai Curry Massaman Art (S. 164)
8 Montag	Weizengras-Smoothie (S. 80), Müslivariation mit Beeren und Sojajoghurt (S. 96)	Spinat-Tofu-Wrap (S. 120)
9 Dienstag	Bananen-Kokos-Porridge (S. 92)	Rote-Bete-Mangoldsalat (S. 114)
10 Mittwoch	Vollkornbrot mit Erdbeerkonfitüre (S. 90) oder Schoko-Nuss-Aufstrich (S. 90), Spinat-Gurken-Smoothie (S. 78)	Reste vom Mangoldstrudel (S. 168) mit Avocado-Mayonnaise (S. 64)
11 Donnerstag	Müslivariation mit frischem Obst und Mandelmilch (S. 96)	Rote-Bete-Salat mit Linsen (S. 122)
12 Freitag	Birchermüsli (S. 94) Lucuma-Smoothie (S. 80)	Sushi-Maki (S. 128)
13 Samstag	Vollkornbrot mit Erdbeerkonfitüre (S. 90) oder Schoko-Nuss-Aufstrich (S. 90), Früchtejoghurt mit Crunch (S. 94)	Tofu-Süßkartoffel-Chili (S. 156)
14 Sonntag	Freunde einladen und ein Frühstücksbüfett zubereiten (Rezepte S. 88–98) oder ein veganes Café besuchen	Zucchini-Pilz-Reis-Pfanne (S. 118)
15 Montag	Vollkornbrot mit Avocado-Dill-Mayonnaise (S. 64) und frischen Tomatenscheiben, Avocado-Birne-Smoothie (S. 82)	Wraps mit Tofu-Chili (S. 160)
16 Dienstag	Kiwi-Erdbeer-Banane-Ananas-Smoothie (S. 84), Müslivariation mit frischen Beeren und Soja-Joghurt (S. 96)	Spinat-Avocado-Quinoa-Salat (S. 114)
17 Mittwoch	Vollkornbrot mit Erdbeerkonfitüre (S. 90), frisches Obst, Sonnengelb-Drink (S. 74)	Lauwarmer italienischer Pasta-Salat (S. 146)
18 Donnerstag	Bananen-Kokos-Porridge (S. 92), Kokos-Ananas-Spinat-Smoothie (S. 82)	Sommerrolle (S. 116)
19 Freitag	Birchermüsli (S. 94), Blaubeerren-Spinat-Mesquite-Smoothie (S. 84)	Rote-Bete-Salat mit Linsen (S. 122)
20 Samstag	Pancakes (S. 88), Frappuccino (S. 76)	Kartoffel-Bohnen-Pie (S. 150)
21 Sonntag	Freunde einladen und ein Frühstücksbüfett zubereiten (Rezepte S. 88–98) oder ein veganes Café besuchen	Mangold-Lasagne (S. 142)

Abendessen	Vorbereiten
Zucchinigratin (S. 122)	Erdbeerkonfitüre (S. 90)
Spitzkohlpfanne (S. 130)	Birchermüsli über Nacht (S. 94)
Linsen-Kichererbsen-Curry (S. 140)	
Kartoffel-Karotten-Kokos-Suppe (S. 102) oder Reste vom Linsen-Kichererbsen-Curry	Bananenbrot (S. 98) und Schoko-Nuss-Aufstrich (S. 90)
Gemüse-Tofu-Mix (S. 120)	
Gemüse-Tofu-Mix (S. 120)	
Brokkoli-Beluga-Lnsen-Suppe (S. 106)	
Blumenkohl-Tofu-Curry (S. 126)	
Mangoldstrudel mit Räuchertofu (S. 168)	
Rote Linsen-Karotten-Suppe (S. 108)	
Bratkartoffeln mit Tofu und Spinat (S. 156)	Birchermüsli über Nacht (S. 94)
Pad Thai (S. 158)	
Spaghetti mit Tomate und Artischocke (S. 154) oder Farfalle mit Räuchertofu und Erbsen (S. 166)	
Kürbiscremesuppe (S. 102)	
Gelbe Zucchinisuppe (S. 110)	
Wirsing-Pilz-Pfanne mit Räuchertofu (S. 132)	
Cremige Brokkolisuppe (S. 108)	
Auberginen-Kürbis-Eintopf mit Kichererbsen (S. 104)	Birchermüsli über Nacht (S. 94)
Farfalle mit Räuchertofu mit Erbsen (S. 166)	
Schnelle Gemüsesuppe (S. 106)	
Ratatouille-Suppe mit Blätterteigröllchen (S. 110)	

Tipps und Tricks fürs Durchhalten

Die alte Bauernregel „Iss morgens wie ein Kaiser, mittags wie ein König, abends wie ein Bettelmann" gilt immer noch. Allerdings hat man es als Veganer nicht so leicht, außer Haus zu essen. Solltest Du die Möglichkeit haben, dann kannst Du viele Mittags- mit den Abendgerichten austauschen, denn die meisten Mittagsgerichte sind (unter der Woche) nicht nur „to go", sondern meistens auch leichter.

In jedem Fall solltest Du nicht zu spät essen, denn das kostet Dich geruhsamen Schlaf und fördert Blähungen.

Langsames Essen und bewusstes Kauen helfen Deinem Verdauungssystem, die Nahrung besser aufzunehmen und zu verarbeiten. Gehörst Du eher zu den Menschen, die ihr Essen gerne schnell runterschlingen, hilft es oftmals, am Anfang das Reden mit anderen oder jegliche andere Ablenkung beim Essen einzustellen, bis ein langsameres, bewussteres Essen zu Deinem neuen Rhythmus wird.

Auf der anderen Seite ist Essen eine Möglichkeit, mit anderen in Kontakt zu treten. Suche Dir zu Beginn Menschen aus, die dem veganen Gedanken positiv gegenüber stehen und meide Kritiker oder Neider. Mit diesen Menschen kannst Du Dich auseinandersetzen, wenn Du Dir Dein eigenes Bild machen konntest.

Wenn Du körperlich, auch außerhalb der Übungen und Deiner vier Wände, etwas tun willst, rate ich Dir zu einem schönen Yogastudio. Hier gibt es oftmals nach den Yogastunden im Anschluss Meditationsgruppen, denen Du Dich zusätzlich anschließen kannst.

Fragen an den Ernährungscoach

Mariana Eberhard ist Ernährungswissenschaftlerin und TÜV-zertifizierter Gesundheitscoach. Sie hat sich mehrere Jahre in Cambridge an einem unabhängigen Forschungsinstitut mit den Effekten der Ernährung auf die Gesundheit auseinandergesetzt. Seit einiger Zeit befasst sie sich mit den Gesundheitsaspekten der veganen Ernährung und hält darüber Vorträge. Ihr Anliegen ist es auch, Menschen bei der Umstellung zu einer veganen Ernährung zu begleiten. Ihr Unternehmen Health Coaching München (www.health-to-yourself.com) bietet Vorträge, Trainings und Coaching in der Gesundheitsprävention für Unternehmen und Einzelpersonen.

Immer mehr Menschen ernähren sich vegan. Wie sehen Sie diese Entwicklung?

Es freut mich, zu sehen, dass sich immer mehr Menschen vegan ernähren. Der Vegetarierbund (VEBU) hat Zahlen zum aktuellen Stand der Entwicklung des veganen Trends recherchiert. Es wird davon ausgegangen, dass sich in Deutschland mittlerweile 1,2 Millionen Menschen vegan ernähren. Das sind 1,5 Prozent der Bevölkerung (Stand Mai 2014). Das mag vielleicht noch wenig klingen. Vergleicht man diese Zahlen jedoch mit den Daten der nationalen Verzehrsstudie II von 2006, bei der nur 0,1 Prozent der Menschen angaben, sich vegan zu ernähren, zeigt sich, dass sich die Zahl in Deutschland innerhalb der letzten 8 Jahre um das Fünfzehnfache erhöht hat.

Auch die Tatsache, dass immer mehr Menschen den tierischen Anteil in ihrer Ernährung allein schon verringern, freut mich. Mittlerweile gibt es ja auch eine immer größer werdende rein pflanzliche Produktpalette in den Supermärkten, die es einfacher machen auf eine vegane Ernährung umzustellen. Ich sehe die vegane Ernährung weniger als Trend – für mich ist die vegane Lebensweise ein Weg zu mehr Gesundheit und Leistungsfähigkeit, aber auch der Beitrag zu einer besseren Welt.

Aus welchen Gründen können Sie die vegane Ernährung empfehlen?

Aus ernährungswissenschaftlicher Sicht ist eine gut geplante, vegane Ernährung sehr gesund. Die „American Dietetic Association", die größte Ernährungsorganisation weltweit, empfiehlt eine richtig durchgeführte vegane Ernährung als eine gesunde, nahrhafte Ernährungsform, die für Menschen in allen Lebensphasen geeignet ist. Wenn ich von einer gut geplanten Ernährung spreche, möchte ich betonen, dass es sich hier um eine abwechslungsreiche ausgewogene Ernährung handelt, mit viel frischem Obst und Gemüse, Vollkornprodukten, Hülsenfrüchten (Linsen, Bohnen etc.), Nüssen, Samen und Sojaprodukten.

Bei einer veganen Ernährung fallen die in Fleisch, Milch und Eiern enthaltenen ungesunden tierischen Fette, Cholesterin und tierische Eiweiße, automatisch weg. Zahlreiche Studien belegen, dass genau diese einen großen Teil zur Entstehung von Herz-Kreislauf-Erkrankungen (Herzinfarkt, Schlaganfall, Arterienverkalkung, Bluthochdruck usw.), Diabetes und Krebs beitragen. Eine ausgewogene vegane Ernährung kann das persönliche Risiko, an diesen Krankheiten zu leiden, maßgeblich reduzieren. Rein pflanzliche Nahrung hingegen enthält gesündere Fette, mehr Ballaststoffe, viele sekundäre Pflanzenstoffe, Mineralstoffe, Spurenelemente und Vitamine.

Andere Studien zeigen, dass Veganer einen niedrigeren Cholesterinspiegel, niedrigeren Blutdruck und ein niedrigeres Körpergewicht haben. Zudem sinkt die Säurebelastung auf den Körper. Eine vegane Ernährung ist basischer und somit besser für den Säure-Basen-Haushalt des Körpers. Außerdem nimmt man durch das Weglassen von Fleisch, Milchprodukten und Eiern ebenfalls weniger an Antibiotikarückständen, Hormonen, Quecksilber

(v. a. bei Fisch) und sonstigen Schadstoffen zu sich. Nach einer Umstellung auf eine vegane Ernährung berichten viele, dass sie sich leichter, fitter und energievoller fühlen. Zusätzlich ist die Ethik ein wichtiger Aspekt. Umso mehr tierische Produkte durch pflanzliche Produkte ersetzt werden, desto mehr trägt jeder einzelne Mensch dazu bei, den Welthunger, die Nutztierhaltung und die Klimaerwärmung zu reduzieren.

Ist Ihnen bekannt, ob mit einer veganen Ernährung Krankheiten gemildert werden oder sogar ganz verschwinden können?

Hier ist erst einmal die Laktoseintoleranz (Milchzuckerunverträglichkeit) zu nennen. Laktose ist auf natürliche Weise in allen Milchprodukten enthalten. Da vegane Ernährung frei von Milchprodukten ist, verschwinden auch die Symptome. Generell ist hier zu bemerken, dass der menschliche Organismus nicht dafür geschaffen ist, Milch einer anderen Spezies zu verdauen. Milchprodukte verschleimen zusätzlich den Körper. Bei einer veganen Lebensweise wird somit durch den Körper weniger Schleim produziert – gerade in der Erkältungszeit des Jahres kommt einem die vegane Lebensweise besonders zugute.

Bei Diabetikern hat vegane Ernährung positive Effekte auf die Blutzuckerwerte und den Insulinspiegel. In einer Studie konnten fast 50 Prozent der Diabetiker nach längerfristiger Umstellung auf fettarme vegane Ernährung ihre Medikamente reduzieren. Die bei Diabetikern oft geschädigten Nieren werden durch vegane Ernährung ebenfalls entlastet.

Bei Arteriosklerose (Arterienverkalkung), Bluthochdruck, erfolgtem Herzinfarkt und Schlaganfall können durch vegane Ernährung der Blutdruck, Blutfette und Cholesterin gesenkt werden. Diese Parameter sind wichtige Faktoren für die Entstehung dieser Krankheiten. Werden diese reduziert, wird das Risiko einen (erneuten) Herzinfarkt oder Schlaganfall zu bekommen, gesenkt. Es gibt auch Untersuchungen, die zeigen, dass durch vegane Ernährung „verkalkte" Blutgefäße wieder durchgängig wurden. Und natürlich kann auch Übergewicht durch eine Umstellung auf vegane Ernährung reduziert werden.

Wie stelle ich meine Nährstoffversorgung sicher und kann Mangelerscheinungen verhindern?

Durch eine abwechslungsreiche ausgewogene Ernährung erreicht man einen hohen Nährstoffgehalt. Vom Körper verwertbares Vitamin B12 ist in pflanzlichen Produkten nur in sehr geringer und schlecht verwertbarer Form enthalten. Somit haben Veganer ein erhöhtes Risiko für einen Vitamin-B12-Mangel. Deshalb empfiehlt es sich, mit Vitamin B12 angereicherte Lebensmittel zu verwenden (Hefeextrakte, Cornflakes, Fleischersatzprodukte, Säfte, Sojaprodukte) und vorbeugend ein Vitamin-B12-Ergänzungsmittel einzunehmen. Da es laut EU-Bio-Verordnung nicht gestattet ist, Bio-Lebensmittel mit Vitamin B12 anzureichern, stehen hier nur Lebensmittel aus konventioneller Landwirtschaft zur Verfügung.

Laut Studien haben Veganer kein höheres Risiko für einen Vitamin-D-Mangel als Allesesser. Vitamin D kann von der Haut unter Sonneneinstrahlung selbst gebildet werden. Also empfiehlt es sich, öfter nach draußen zu gehen. Wenn man sein Augenmerk zusätzlich darauf richtet, genügend Kalzium, Eisen, Jod, Vitamin B2, Zink und Omega-3-Fettsäuren über Lebensmittel zu sich zu nehmen, ist die Nährstoffversorgung sehr gut gewährleistet.

Welche Gesundheitschecks sollte man regelmäßig durchführen lassen, um mögliche Mängel zu kontrollieren?

Ein eventueller Vitamin-B12-Mangel kann unterschiedlich getestet werden. Allerdings haben nicht alle verfügbaren Tests eine hohe Aussagekraft. Zu Beginn ist ein einfacher MMA-Urin-Test sinnvoll. Dieser kann über das Internet bestellt werden. Wenn der Test einen Mangel anzeigt, sollte Rücksprache mit einem Arzt gehalten werden. Dieser sollte dann idealerweise drei Tests durchführen: den Holo-Transcobalamin-Test (Holo-TC), den Homocystein-Test und zusätzlich den Methylmalonsäure-Test (MMA), der im Blut oder eben auch im Urin gemessen wird. Erst die Kombination aus allen drei Tests gibt verlässlich Auskunft über einen vorliegenden Vitamin-B12-Mangel. Die Kosten hierfür betragen ca. 100 Euro.

Ein Eisenmangel kommt in der westlichen Welt bei Fleisch- und Nichtfleisch-Essern gleich häufig vor. Da Eisenmangel bei Frauen im gebärfähigen Alter unabhängig von ihrer Ernährungsweise häufig vorkommt, empfiehlt es sich, bei dieser Bevölkerungsgruppe den Eisenstatus im Blut regelmäßig durch einen Bluttest überprüfen zu lassen. Zur Bestimmung des Eisenstatus kann im Blut frei verfügbares Eisen, Ferritin (ein Eisenspeicher-Eiweiß) und Transferrin (Eisentransport-Eiweiß) gemessen werden. Zusätzlich kann es Sinn machen, eine Reihe von weiteren Blutwerten messen zu lassen (Hämoglobin, MCV und MCH), um eine Eisenmangelanämie frühzeitig zu erkennen.

Außerdem sollten Veganer zusätzlich die Versorgung mit Vitamin B2 regelmäßig vom Arzt überprüfen lassen, um eventuelle Versorgungslücken gezielt auszugleichen. Der Vitamin-B2-Status kann durch eine Messung im Urin, im Blut (in den roten Blutkörperchen) oder durch Messung der Glutathionreduktase (in roten Blutkörperchen) bestimmt werden. Letzterer Test hat sich als sehr zuverlässig erwiesen.

2
KAPITEL

ÜBUNGEN

Fitness-Triangle

Die drei Komponenten, die ich brauche, um mich im Alltag wohlzufühlen, fit und gesund zu bleiben oder zu werden, sind Momente der Ruhe und Entspannung, der Kraft und der Flexibilität.

Ob im Job oder zu Hause, mit oder ohne Kinder oder einfach im Umgang mit meiner Umwelt; es ergeben sich in schöner Regelmäßigkeit Situationen, in denen mal wieder nichts so läuft wie geplant. Es hilft, wenn ich hier nicht nur den Geist flexibel halte, um mich auf neue Begebenheiten schnell einstellen zu können, sondern auch den Körper. Denn je mehr ich mit Körper und Geist in Einklang lebe, umso besser gelingt mir alles.

Das gute Gefühl der Kraft

Es fühlt sich so gut an, Kraft zu haben. Ohne Kraft vergisst man schnell dieses gute Gefühl – wir fühlen uns kompakter, belastbarer und viele Dinge fallen leichter. Egal, ob es nun der schwere Einkaufskorb ist oder die viel zu schwere Reisetasche, die einem trotz hoher Schuhe an der Schulter hängt oder das 4-jährige Kind, das auf Mamas Arm muss. Wenn man einige Zeit nicht sehr aktiv war, kann man mit wenigen Kraftübungen viele Zipperlein wie-

der in den Griff bekommen. Wer tagsüber viel sitzt, zum Beispiel im Büro, sollte gerade bei den Schulter-Nacken-Übungen sowie den Rücken- und Bauchübungen intensiver arbeiten.

Den Übungsumfang selbst festlegen

Teste anfangs, wie viele Wiederholungen Du schaffst. Dann versuchst Du noch zwei Wiederholungen und schreibst dann diese Zahl auf. Nun versuche jede Woche ein bis zwei Wiederholungen mehr zu machen. Auf diese Weise gibt es weder Über- noch Unterforderung. Wenn genügend Zeit vorhanden ist, empfehle ich, alle Übungen nacheinander zu machen und zwar für drei Runden und mit den Flexibilitätsübungen abzuschließen. Das ist dann das Powerprogramm. Sollte das anfangs zu viel sein, empfehle ich das Softprogramm, oder wer weniger Zeit hat, aber dennoch powern will, dem empfehle ich das Quickprogramm. Alle Programme findest Du auf den Seiten 56 und 57.

Mit Sport und gesunder Ernährung bekommt man viele Zipperlein wieder in den Griff.

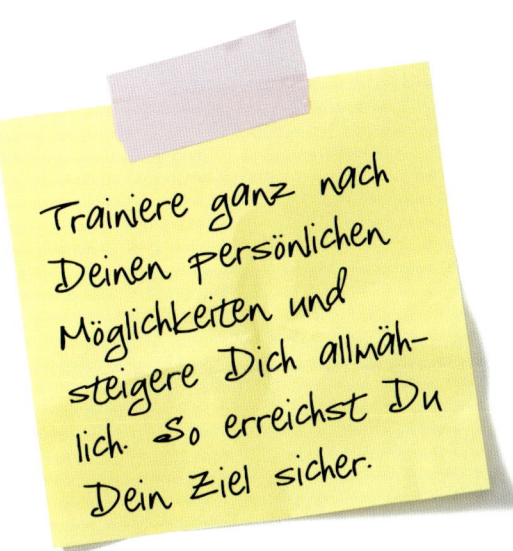

Trainiere ganz nach Deinen persönlichen Möglichkeiten und steigere Dich allmählich. So erreichst Du Dein Ziel sicher.

Regelmäßig Ruhephasen einbauen

Für mich als Mutter von kleinen Kindern ist die 15 Minuten-Meditation die vielleicht wichtigste Übung des Tages. Wegen des Kindertrubels am Morgen meditiere ich lieber abends. Für diejenigen, die keine Morgenmuffel sind, ist morgens die beste Zeit. Hilfreich ist, wenn man vor dem Meditieren nicht spricht und direkt in den Meditationssitz geht.

Unabhängig von den Programmen möchte ich Dir empfehlen, die Meditation und die Atemübung in Deinen Alltag einzubauen. Du kannst die Übungen getrennt voneinander zu unterschiedlichen Zeiten durchführen oder auch die Atemübung vor der Meditation machen.

Ebenso lässt sich der Rücken jeden Morgen vor dem Frühstück strecken. Nach ein paar Tagen wirst Du diese Übungen nicht mehr missen wollen. Auch die schnelle Entspannung im Sitzen möchte ich Dir für unterwegs im Büro, Flugzeug oder in der Bahn sehr empfehlen.

Und für alle Stressgeplagten mit Einschlafproblemen, bei denen Körper oder Geist nicht zur Ruhe kommen, wird Shavasana zur größten Freude.

Für Alternativen sorgen

Such Dir neben den Übungen, mit denen Du Deinen Körper fit und kraftvoll halten kannst, eine Sportart aus, die Dir Spaß macht und zu Deinem Hobby wird. Meine zwei Lieblingssportarten sind Tennis und Yoga. Aber auch die Nähe zu den Bergen gibt mir die Möglichkeit, ab und zu Ski fahren zu gehen oder in den Bergen zu wandern. Vielleicht bist Du aber auch eher der Läufertyp? Dann ab auf die Wiesen und Felder oder die einschlägigen Trampelpfade Deiner Stadt. In jedem Fall empfehle ich Dir, etwas in der freien Natur zu tun. Der Mensch braucht das!

Den geeigneten Ort finden

Die Ruhephase wird vermutlich das Erste sein, das Du gewillt bist wegzulassen, wenn es mal wieder stressig wird und die Zeit für einfach alles fehlt. Aber Du solltest die Ruhe nicht unterschätzen – sie ist sehr effektiv!

Für Deine Meditation solltest Du ein Zimmer wählen, in dem Du für 15 Minuten ungestört sein kannst. Das Arbeitszimmer oder Wohnzimmer, in dem tagsüber immer viel los ist, ist dafür nicht geeignet. Aber auch nicht Dein Bett, denn die meisten schlafen innerhalb von wenigen Minuten wieder ein, und die Matratze ist meistens zu weich.

Wenn es dennoch das Schlafzimmer wird, dann bitte mit Matte oder Kissen auf dem Boden. Bei Knie- oder Rückenproblemen auf einen einfachen Stuhl setzen – die Beine im 90°-Winkel auf dem Boden abstellen. Sorge dafür, dass Rücken und Nacken gerade sind und Du in einer aufrechten Haltung sitzt. Ich sitze meist im einfachen Meditationssitz. Die Hände kannst Du entweder ineinander gelegt in Deinen Schoß legen oder die Handrücken auf Deinen Oberschenkeln ablegen, wobei sich die Daumen und Zeigefinger berühren.

Bleib ruhig sitzen und vermeide jeden inneren Antrieb, Dich bewegen zu müssen.

TIPP
Wenn Du einen geeigneten Platz zum Meditieren gefunden hast, nutze diesen Platz immer wieder. Du wirst sehen, durch diese Routine können Körper und Geist sehr viel schneller in der Meditation versinken.

Ruhe

Übungen für mehr innere Ruhe und Gelassenheit

Meditationsübungen

Es gibt viele Formen der Meditation – ich bevorzuge die ganz einfache Mantra-Meditation „OM", in der ich gedanklich „OM" vor mich her sage. Den Rhythmus, wie oft ich OM sage, bestimmt mein Geist irgendwann selbst. Am Anfang, bevor man diesem natürlichen Rhythmus folgen kann, probiert man am besten einen 2-Sekundentakt oder orientiert sich an der Ein- und Ausatmung.

Eine andere, ganz stille Variante, mag ich auch sehr: Ich sitze im einfachen Meditationssitz mit geradem Rücken auf dem Boden oder auf einem Stuhl. Die Hände liegen mit den Handflächen nach oben auf den Knien, die Augen sind geschlossen (siehe unteres Bild). Ich konzentriere mich nur auf meinen Atem, ohne ihn beeinflussen zu wollen. Ich folge dem Atem auch nicht, sondern spüre ihn eher am Naseneingang und -ausgang. Meinen Geist bringe ich damit zur

Ruhe (Geistesruhe-Meditation), indem ich jeden Gedanken, der kommt, visuell in eine Kapsel oder einen Luftballon stecke und ihn wie Wolken am Himmel weiterziehen lasse. Ich versuche weder den stressigen, ärgerlichen und aufreibenden Momenten des Tages nachzuhängen, noch den schönen, erfreulichen und glücklichen Momenten. Einfach mal nichts zu denken, ist hier der Schlüssel zur Entspannung. Es ist normal, wenn Du anfangs die gesamten 15 Minuten doch noch in Gedanken bist oder permanent auf die Uhr schaust.

TIPP

Ich habe mir anfangs einen sehr sanften Wecker gestellt, zum Beispiel mit leiser Musik als Weckton. Nach einer Weile entwickelte ich ein inneres Gefühl dafür, wann die 15 Minuten um sind und konnte die Meditation allein beenden.

Wichtig ist hier der gerade Rücken. Die Hände liegen mit der Handfläche nach oben locker auf den Oberschenkeln.

Atemübung

Hier ist echte Übung gefragt, denn es wird sich am Anfang erst einmal ungewohnt anfühlen. Wird diese Übung regelmäßig praktiziert, wird sie aber im höchsten Maße zum Ruhepol. Perfekt wäre es, diese Übung vor der Meditation zu machen. Am Anfang vielleicht nur für einige Minuten und später für 5–10 Minuten. Meine Erfahrung hat gezeigt, dass für Menschen, die gerade gestresst oder gesundheitlich angeschlagen sind, das Anhalten des Atems eine sehr große Herausforderung darstellt. Das Einatmen über nur ein Nasenloch ist dann schon schwierig genug. Mit etwas Übung wird dies aber schnell besser werden und eine unglaubliche Ruhe tritt ein.

Ich sitze auch für diese Übung wieder im einfachen Meditationssitz oder auf einem Stuhl. Wichtig ist die aufrechte Haltung. Die linke Hand liegt entspannt auf dem linken Oberschenkel mit dem Handrücken nach unten. Daumen und Zeigefinger berühren sich leicht.

Der Ablauf ist einfach: Mit der rechten Hand wird nun die Nase abwechselnd mit Daumen sowie mit Ringfinger und kleinem Finger ge-

Die Wechselatmung bewirkt bei Kopfschmerzen wahre Wunder. Aber auch ohne Kopfweh harmonisiert sie und entspannt. Man sagt, diese Übung verstärkt die wechselseitige Beziehung zwischen linker und rechter Gehirnhälfte. Das Beste: Es braucht so wenig für so viel Resultat.

schlossen (siehe unteres Bild) und wieder geöffnet. Zeige- und Mittelfinger zeigen dabei nach unten wie bei einer lockeren Faust. Zunächst das rechte Nasenloch mit dem Daumen schließen und vollständig ausatmen. Der Bauch wird dabei eingezogen. Das rechte Nasenloch bleibt geschlossen und nun wird mit einem kräftigen Atemzug durch das linke Nasenloch eingeatmet. Dabei geht der Bauch nach vorn und füllt sich mit Luft. Ringfinger und kleiner Finger schließen nun auch das linke Nasenloch. Der Atem wird angehalten (anfangs nur für einen kurzen Moment, später werden die Phasen immer länger).

Der Daumen löst sich vom rechten Nasenloch und man atmet langsam und vollständig aus, bis der Bauch leer ist. Dann wieder kräftig über rechts einatmen, das linke Nasenloch bleibt geschlossen. Jetzt auch das rechte Nasenloch schließen, Atem anhalten und das Ganze beginnt von vorn. Der Ringfinger löst sich vom linken Nasenloch – Ausatmung über links usw.

Beim Einatmen wird zunächst bis 4 gezählt, beim Anhalten bis 1, beim Ausatmen bis 8. Ziel ist es, einen Rhythmus zu finden, bei dem für 4 Sekunden eingeatmet, für 16 Sekunden angehalten und für 8 Sekunden ausgeatmet wird.

Mit Daumen, Ringfinger und Kleinem Finger werden die Nasenlöcher abwechselnd geschlossen.

Entspannung

Übungen gegen Verspannungen

Schnelle Entspannung im Sitzen

Ich setze mich aufrecht auf dem Stuhl. Die Hände liegen auf den Oberschenkeln, den Kopf lasse ich auf die Brust sinken, die Augen sind zu. Atem und Herzschlag nehme ich bewusst wahr.
Dann richte ich den Blick nach vorn, balle ich die Hände zu Fäusten und lasse nach 3 Sekunden locker. Danach presse ich die Lippen aufeinander und lasse nach 3 Sekunden los. Ich lege die Stirn in Falten und entspanne sie nach 3 Sekunden. Als Nächstes ziehe ich die Schultern zu den Ohren (siehe Bild unten). Dann langsam wieder absenken. Danach drücke ich die Schultern nach hinten und lasse sie wieder fallen. Ich spanne die Po-Muskeln an und lasse nach 3 Sekunden los. Zum Schluss spanne ich Füße und Beine an und lasse auch hier nach 3 Sekunden locker. Mit jedem Lösen der Spannung nachspüren, wie sich die Muskulatur immer mehr entspannt.

TIPP
Im Büro, im Flugzeug oder in der Bahn lässt sich diese Übung immer mal unbemerkt einschieben.

Rüttle Dich und schüttle Dich

Ich hüpfe auf der Stelle. Beim Hüpfen schüttle ich Arme, Hände, Schultern – ca. 1 Minute lang (siehe Bild unten).
Anschließend drehe ich ganz langsam den Kopf von links nach rechts wie beim „Nein sagen", ca. 30 Sekunden, dann langsam von oben nach unten wie beim „Ja sagen", wieder ca. 30 Sekunden. Beim „Ja sagen" den Kopf nicht in den Nacken legen – das schadet der Halswirbelsäule. Danach wird wieder gehüpft und geschüttelt und noch mal der Kopf gedreht.
Das Ganze dauert je nach Lust und Laune ca. 5 Minuten.

TIPP
Kinder mögen diese Übung auch – also einfach mitmachen lassen und alle haben etwas davon.

Übungen, die man immer mal wieder in den Alltag einbauen kann.

Eine Entspannungsreise durch den Körper.

Shavasana

Meine ganz persönliche Königsdisziplin: Entspannung durch Anspannung. Hier das Gegenstück zur "Schnellen Entspannung im Sitzen".

Dazu lege Ich mich dazu entweder auf eine Yogamatte oder eine warme Decke und lege außerdem eine dünne Decke über mich. Nun spanne ich nach und nach jedes Körperteil an, halte die Spannung für 3 Sekunden und lasse es dann fallen (nicht hinlegen).

Ich starte mit dem rechten Bein, hebe es leicht an und spanne es samt Fuß für 3 Sekunden an (siehe oberes Bild). Danach lasse ich es wieder fallen. Wiederholung mit dem linken Bein.

Dann hebe ich den rechten Arm, balle die Hand zur Faust, spanne für 3 Sekunden an und lasse den Arm wieder fallen. Gleiches mit dem linkem Arm und der linken Hand. Danach die Hüfte leicht anheben, den Po fest anspannen und fallen lassen. Den Brustkorb anheben (Hüfte und Kopf bleiben auf dem Boden), 3 Sekunden anspannen und fallen lassen.

Jetzt ziehe ich die Schultern erst nach oben zu den Ohren und ziehe sie danach weit nach unten in Richtung Füße. Die Schultern sollten dabei nicht abheben. Nun drehe ich den Kopf leicht von Seite zu Seite. Ich spanne alle Gesichtsmuskeln an, als hätte ich in eine Zitrone gebissen und lasse los.

Dann öffne ich kurz die Augen, schaue weit nach oben und strecke die Zunge weit raus und atme laut aus.

Nun schließe ich die Augen wieder und begebe mich geistig auf eine Entspannungsreise durch meinen Körper. Ich fange bei den Füßen an und sage mir: „Meine Füße entspannen, meine Füße sind entspannt". Das mache ich nun mit jedem vorher angespannten Körperteil.

Wenn ich alle Körperteile nun auch geistig entspannt habe, bleibe ich so eine Weile liegen und begebe mich geistig an einen schönen Ort, der mir gefällt. Wenn mir gerade nichts einfällt, stelle ich mir einen ruhigen, klaren Bergsee vor, der da völlig still und rein liegt.

TIPP

Wenn das Bett gerade so ungemütlich erscheint, man den Kopf voller To-dos des Tages hat oder es auch schon viel zu spät ist, dann ist diese Übung genau das Richtige. Eigentlich soll man nach der Yoga-Philosophie nicht direkt einschlafen, aber manchmal ist es genau das, womit das Einschlafen überhaupt erst möglich wird.

Kraft

Übungen für mehr Kraft und Energie

Wenn ich etwas länger mit dem Sport ausgesetzt habe, fange ich gerne mit der Rückenrolle an. Wenn ich schnell warm werden und Kalorien verbrennen will, starte ich mit den Burpees – dann aber mit einer sanften Variante, in der ich nicht springe, sondern fließende, langsame Übergänge wähle und auf die Knie gehe anstelle zu springen – sonst ist das Verletzungsrisiko zu hoch.

Soft: Rückenrolle

Ich lege mich auf den Rücken, ziehe die Knie an, umfasse die Oberschenkel auf der Unterseite und schwinge von vorn nach hinten, mal mit kleineren, mal mit größeren Bewegungen.
Wenn ich nach hinten rolle, lasse ich die Knie angewinkelt, so dass sie bei meiner Stirn ankommen. Dann strecke ich die Beine aus und versuche, so gut es geht, mit den Zehen hinter dem Kopf auf dem Boden aufzukommen (siehe Bild unten). Nach ca. 3 Minuten schwinge ich so stark hin und her, dass ich mit dem letzten Vorwärtsschwung zum Stehen komme.

Kraft durch richtiges Training bedeutet weniger Ermüdungserscheinungen Deiner Muskeln.

Bei der Rückenrolle sanft hin und her schwingen.

Der Körper ist ganz durchgestreckt.

Tempo: Abgewandelter Burpee

Burpees sind Hock-Streck-Sprünge mit integriertem Liegestütz. Ich benutze eine abgewandelte Form.

Dazu stelle ich mich hüftbreit hin, atme ein und mit der Ausatmung gehe ich in die Hocke, dann auf die Knie und platziere dann beide Hände auf dem Boden ein gutes Stück vor mir, um in eine Liegestützposition mit gestreckten Armen zu kommen, atme aus und führe einen Liegestütz durch (siehe Bild unten). Mit der Einatmung schiebe ich mich wieder zurück auf die Knie, strecke mich nach oben und führe einen Strecksprung mit gestreckten Armen nach oben durch (siehe Bild rechts).

Dann wieder in die Ausgangsposition zurück und der Bewegungsablauf beginnt von vorn.

Wichtig: Dies ist ein Bewegungsablauf und keine Einzelübung. Alles ist im Fluss – nicht stocken oder stoppen. In der Liegestützhaltung unbedingt vermeiden, dass der Rücken durchhängt – dies klappt, wenn man die Bauchmuskeln anspannt.

Nacken, Wirbelsäule und Po sind gerade.

Kniebeuge

Die Kniebeuge ist eine effektive Kraft-Übung für den Unterkörper. Für diese Übung stelle mich hüftbreit hin, strecke mich und achte darauf, dass mein Rücken gerade und meine Schulterblätter zusammengezogen sind.

Dann beginne ich die Abwärtsbewegung in der Hüfte. Das Körpergewicht ruht auf den Fersen. Die Knie jetzt beugen, bis die Oberschenkel parallel zum Boden verlaufen. Ca. 2 Sekunden halten und mit Beinkraft wieder hochstemmen. Nach 2 Sekunden wiederholen.Die Arme strecke ich dabei nach vorn (siehe Bild unten), sie können aber auch gekreuzt oder locker hängen gelassen werden.

TIPP

Bei der Variante die Knie beugen, bis die Ellenbogen der angewinkelten Arme die Knie berühren. Beim Hochkommen die Arme wieder nach vorn strecken.

Mit festem Stand in die Hocke gehen.

Ausfallschritt

Ich stehe wieder hüftbreit, den Blick nach vorn gerichtet. Die Bauchmuskeln sind angespannt, so dass der untere Rücken ein leichtes Hohlkreuz bildet. Meine Arme stemme ich in meine Hüften. Mit einem Bein mache ich einen weiten Schritt nach vorn und atme ein (siehe Bild unten).

Dann atme ich aus und drücke mich mit der Ferse des vorderen Fußes zurück in die Ausgangsposition und halte das Bein zunächst oben, bevor ich es abstelle. Nun das andere Bein im gleichen Ablauf.

TIPP

Ober- und Unterschenkel sollten unbedingt im 90°-Winkel zueinander stehen, damit das Kniegelenk nicht überstrapaziert wird.

Die Bauchmuskeln sind beim Ausfallschritt angespannt.

Liegestütze

Die als Mädchen-Liegestütze bekannte Übung ist effektiv, um den Brustbereich zu straffen. Außerdem gibt sie Kraft in den Armen und im Bauch.

Der Rücken muss gerade bleiben und der Bauch ist fest. Der Po darf weder durchhängen, noch zu hoch gehalten werden. Den Kopf halte ich in Verlängerung zur Wirbelsäule – er darf auf keinen Fall hängen.

Ich lege mich auf den Bauch und stelle meine Handflächen zwischen Brust und Schultern auf dem Boden ab, dann drücke ich mich hoch auf die Knie. Nun die Arme anwinkeln und langsam absenken (siehe Bild unten). Danach wieder hochkommen, bis die Arme fast gestreckt sind.

TIPP
Wer schon mehr Kraft hat, macht die echten Liegestütze ohne Hilfe der Knie (hinten im Bild).

Der Rücken bleibt bei der Liegestütze gerade, der Po darf nicht durchhängen.

Crunches mit Nackenschonung

Ich lege mich mit Kopf und Rücken auf ein kleines Handtuch und nehme die Zipfel des Handtuchs in die Hände. So kann ich den Kopf bei den Bauchübungen entspannt im Handtuch hängen lassen – das schont die Nackenmuskulatur und beugt Verspannungen vor. Die Beine können angewinkelt abgestellt werden, alternativ im 90°-Winkel, um eine Grundspannung im Bauch zu erzeugen.

Jetzt mit der Bauchspannung die Schulterblätter anheben, dabei rollt sich der Oberkörper ein. Die Lendenwirbelsäule liegt auf dem Boden und darf nicht ins Hohlkreuz fallen (siehe unteres Bild). Der Bauchnabel wird bei der Übung eingezogen. Nicht zu stark am Handtuch ziehen, sonst geht die Wirkung in die Arme und nicht in den Bauch.

Die Lendenwirbelsäule bleibt auf dem Boden liegen. Der Bauchnabel wird eingezogen.

Bauchübung in der Liegestütze

Ich gehe in die Ausgangsposition der echten Liegestütze, also mit gestreckten Beinen. Nacken, Wirbelsäule und Po bilden dabei eine gerade Linie.

Dann ziehe ich abwechselnd ein Knie zum gegenüberliegenden Ellenbogen. Dabei wirklich versuchen, mit dem Knie sehr weit nach vorn zu kommen und den Ellenbogen zu berühren (siehe unteres Bild).

Das Knie berührt den Ellenbogen und die Bauchmuskeln sind angespannt.

Seitliche Bauch- und Rumpfübung in der Stütze

Ich lege mich auf die Seite und stütze mit Ellenbogen und Unterarm den Oberkörper ab. Dann hebe ich mit voller Anspannung
die Hüfte so an, dass der Körper sich in einer Linie befindet. Den
Bauch dabei anspannen.
Jetzt strecke ich den oberen Arm nach oben in Richtung Decke
(siehe vorne im unteren Bild).
Fortgeschrittene stützen sich statt auf den Unterarm auf der Hand ab
und strecken sowohl Arm, als auch Bein nach oben (hinten im Bild).

Der Körper befindet sich in einer Linie.

Bauchübung mit Beinheben

Ich lege mich wieder gerade auf den Rücken und ziehe meine Knie in Richtung Nase. Die Arme können dabei neben dem Körper abgelegt werden. Der untere Rücken liegt fest auf dem Boden, in Richtung Boden gepresst. Ich ziehe die Knie noch ein Stück höher, so dass mein Po leicht abhebt (siehe oberes Bild).
Nun strecke ich die Beine so weit aus, solange ich den Rücken fest auf dem Boden halten kann (siehe unteres Bild).
Dann führe ich die Beine zurück Richtung Boden. Dabei sollte der untere Rücken unbedingt fest auf dem Boden liegen bleiben! So-

bald er sich lösen will, ziehe ich meine Beine mit der Kraft der Bauchmuskeln wieder in Richtung Nase.

TIPP

Je langsamer und kontrollierter ich diese Übung mache und je gestreckter die Beine dabei sind, desto effektiver ist sie. Es ist wichtiger, die Bauchspannung stark zu halten und mit dem unteren Rücken permanent einen guten Kontakt zum Boden zu haben, als zu früh die Beine zu strecken.

Der Po hebt sich leicht nach oben ab.

Der untere Rücken bleibt fest auf dem Boden.

Rücken an der Wand

Ich lehne mich mit Schulterblättern und Kopf leicht an eine Wand. Vorsicht: nicht ins Hohlkreuz gehen!

Die Füße stehen mit kleinem Abstand vor der Wand. Meine Hände ruhen in Schulterhöhe an der Wand, Handflächen zeigen nach vorn (siehe linkes Bild).

Nun strecke ich die Arme nach oben, sodass die Endposition mit dem Körper ein Y ergibt (siehe rechtes Bild). Die Schultern bleiben dabei locker und sollten nicht mit angehoben werden. Ein paar Sekunden halten und wieder zurück zur Ausgangsposition.

Nicht ins Hohlkreuz gehen und die Schultern locker halten.

Rückenübung in der Bauchlage

Für diese Übung brauche ich ein Handtuch, Seil oder etwas Ähnliches. Ich lege mich auf den Bauch, greife das Handtuch mit beiden Händen und strecke es so nach vorne, dass meine Arme mehr als schulterbreit ausgestreckt sind. Die Schultern bleiben tief und der Blick geht Richtung Boden. Die Beine sind ebenfalls gestreckt und um ein paar Zentimeter angehoben (siehe oberes Bild).

Jetzt strecke die Arme über meinen Kopf, hebe den Oberkörper einige Zentimeter an und greife das Handtuch etwas über schulterbreit. Nun ziehe ich das Handtuch fest auseinander, hebe es unter Spannung hinter meinen Kopf und winkele meine Arme dabei an (siehe unteres Bild). Danach den Ablauf wiederholen. Die Beine und der Oberkörper sind immer um einige Zentimenter angehoben, die Schultern bleiben tief.

Der Oberkörper ist angehoben, das Handtuch fest auseinander-ziehen.

Das Handtuch hinter den Kopf ziehen und ständig unter Spannung halten.

Superwoman – und wir sind alle Superwomen!

Ich lege mich auf den Bauch, strecke meine Arme über dem Kopf aus, mache mich richtig lang und hebe beide Beine und beide Arme leicht an. Der Kopf bleibt in Verlängerung der Wirbelsäule und ich schaue auf den Boden.

Dann steigern: Wenn ich das rechte Bein und den linken Arm höher anhebe, bleiben das rechte Bein und der linke Arm nur leicht angehoben (siehe Bild unten). Dann im Sekundentakt die Seiten wechseln.

Wem das zu belastend für den Rücken ist, legt einfach die jeweils entgegengesetzte Seite im 2-Sekundentakt auf dem Boden ab.

Der Körper ist gestreckt und der Kopf ist in Verlängerung der Wirbelsäule.

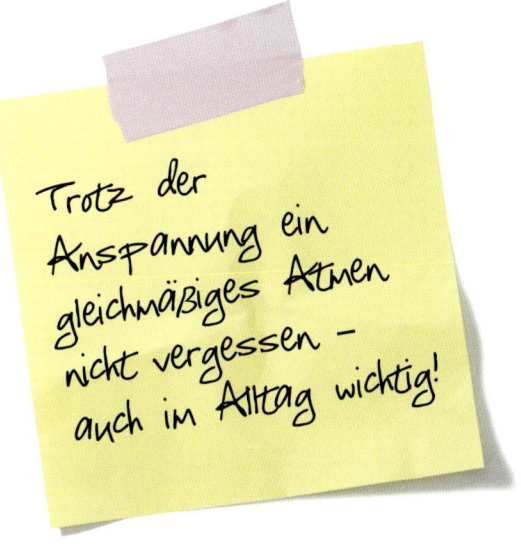

Trotz der Anspannung ein gleichmäßiges Atmen nicht vergessen – auch im Alltag wichtig!

Beckenboden

Ich lege mich gestreckt auf den Boden und rolle zur Seite.
Meinen Kopf lege ich auf meinem unteren Arm ab. Die Beine sind
leicht angewinkelt. Den oberen Arm stelle ich vor meiner Brust
auf und die Füße liegen aufeinander (siehe oberes Bild).
Nun drücke ich die Fersen fest aufeinander und spreize das obere
Knie nach oben – dabei ausatmen (siehe unteres Bild). Diese Po-
sition halte ich einen Moment und lege dann beim Einatmen die
Knie wieder aufeinander. Die Übung beginnt von vorn.

*Die aufeinander liegenden Fersen
fest drücken und dabei das Knie
öffnen.*

*Die aufeinander liegenden Fersen
fest aufeinander drücken und
dabei das obere Knie öffnen.*

Hüftheben

Ich liege auf dem Rücken und stelle meine Füße schulterbreit so auf, dass das Gelenk gerade auf dem Boden steht. Nun hebe ich den Po so weit nach oben, bis Oberschenkel und Oberkörper eine Linie bilden. Das Gewicht ruht auf meinen Schulterblättern. Meine Arme liegen neben meinem Körper mit den Handflächen nach unten.

Langsam und sehr kontrolliert senke ich die Hüfte wieder ab, um zurück zur Ausgangsposition zu kommen.

Die „5 x 5 x 5 Variation" für Kraftvolle

Ich hebe die Hüfte und halte sie oben, dann strecke ich für 5 Sekunden das linke Bein aus (siehe Bild unten). Dann stelle ich es wieder ab und bleibe dabei weiterhin mit der Hüfte für 5 Sekunden oben. Analog das rechte Bein wieder für 5 Sekunden ausstrecken und wieder abstellen. Die Hüfte bleibt dabei stets oben. Diese Variation mache ich so lange, bis ich 5-mal das linke und 5-mal das rechte Bein gestreckt habe. Am Schluss langsam Rücken, Po und Beine wieder auf den Boden legen.

Fortgeschrittene lassen die Hüfte gehoben und strecken die Beine abwechselnd.

Flexibilität

Übungen für einen beweglichen Körper

Rückenstrecken an der Wand

Ich kreise zunächst meine Schultern 5-mal nach hinten und 5-mal nach vorn. Dann stelle ich mich mit dem Rücken ganz gerade an die Wand.

Jetzt mit dem Einatmen die Schultern nach oben ziehen und mit dem Ausatmen fallen lassen. 3-mal wiederholen. Jetzt spüre ich nach, an welchen Stellen mein Körper die Wand berührt.

Die Schultern sollten an der Wand sein. Mein Hals ist gestreckt, den Kopf lasse ich gerade und versuche, mich so groß wie möglich zu machen (siehe rechtes Bild). Ich mache mir bewusst, wie sich mein Körper nun so gestreckt anfühlt.

TIPP

Diese Übung sollte vor keinem Frühstück fehlen. Sie dauert nicht lange und kann selbst an einem turbulenten Morgen noch eingeschoben werden.

In einem starken und flexiblen Körper wohnt auch ein starker und flexibler Geist

An der Wand mit geradem Rücken die Schultern nach oben ziehen und fallen lassen.

Schulter-Nacken-Region entlasten

Ich sitze mit geradem Rücken, gestrecktem Nacken und nach hinten gezogenen Schultern auf einem Stuhl. Zunächst werde ich mir bewusst, wie sich mein Körper gerade anfühlt.

Nun versuche ich mit meinem linken Ohr in Richtung linker Schulter zu kommen, bleibe dabei aber ganz gerade. Dabei strecke ich den rechten Arm etwas zur Seite und ziehe meine Handfläche nach oben, bis sie horizontal an meinem Arm endet (siehe Bild unten). Dann wechsle ich und mache das Gleiche auf der anderen Seite – rechtes Ohr zur rechten Schulter und linker Arm rausgestreckt.

Am Schluss neige ich von der Ausgangsposition ausgehend mein Kinn auf die Brust und achte dabei darauf, dass die Schultern unten und hinten bleiben sowie der Nacken gestreckt ist. Jede Dehnung halte ich ca. 10 Sekunden.

Bei großen Verspannungen kann man diese Dehnung bis in den mittleren Rücken spüren.

TIPP

Versuche auch im Büro, Dich gerade auf Deinen Stuhl zu setzen. Die Beine stehen im 90°-Winkel auf dem Boden, die Füße haben guten Bodenkontakt. Diese Übung ist immer dann gut, wenn Deine Konzentration nachlässt, Du zu viele Einkaufstüten oder Kinder getragen hast oder zu viel auf Reisen warst. Jeder braucht diese Übung, denn es gibt kaum einen Menschen, bei dem die Nacken-Schulter-Partie nicht in regelmäßigen Abständen verspannt ist.

Die Schultern sind zurückgezogen, der Nacken gestreckt, der Rücken gerade.

Beine und Rücken dehnen

Ich liege mit gestreckten Beinen auf dem Rücken. Nun ziehe ich das linke Bein gerade nach oben und umfasse es dort mit beiden Händen, wo ich ohne Schmerz hinkomme und es halten kann, ohne meinen Kopf oder Rücken anzuheben. Meine Zehen zeigen dabei in Richtung Nase, der Fuß ist geflext (siehe unteres Bild). Je mehr die Zehen in Richtung Nase gezogen werden, umso mehr wird die Rückseite der Beine gedehnt. Dann das Bein langsam ablegen und das andere Bein dehnen.

TIPP

Wenn die Hinterseite des Beines anfangs noch zieht und man die Zehen kaum in Richtung Nase ziehen kann, hilft es, den Fuß zu kreisen – ein paar Mal links herum und ein paar Mal rechts herum. Dadurch entspannt sich das Fußgelenk und durch die Drehungen kommt auch die Dehnung.

Kopf und Rücken bleiben auf dem Boden liegen. Die Füße sind geflext.

Beine und Rücken dehnen und Bauch massieren

Ich liege weiterhin mit gestreckten Beinen auf dem Rücken. Nun beuge ich ein Knie und ziehe es in Richtung Nase, indem ich es am Schienbein mit meinen Händen umfasse. Der Fuß bleibt dabei ganz entspannt. Das andere Bein bleibt gerade gestreckt und die Zehen sind geflext. Der Kopf bleibt auf dem Boden liegen (siehe unteres Bild).
Einen Moment halten, einige bewusste Atemzüge nehmen und dabei ruhig auch mal etwas lauter ausatmen. Dann mit dem anderen Bein wiederholen.

TIPP
Bei beiden Übungen darauf achten, dass der Rücken ganz gerade ist und möglichst flach auf dem Boden liegt. Am besten, bevor man beginnt, kurz den unteren Rücken Richtung Boden pressen.

Der Rücken liegt ganz flach auf dem Boden.

Drehübung für den Rücken

Ich liege mit gestreckten Beinen auf dem Rücken. Die Arme neben meinem Körper. Dann stelle ich den linken Fuß neben die Innenseite des rechten Knies. Mit der rechten Hand nehme ich das linke Knie, schaue nach links und drehe das Knie nach rechts (siehe unteres Bild). Dabei mit dem gesamten Oberkörper auf dem Boden liegen bleiben. Hebt sich die linke Schulter, dann ist die Drehung nach rechts zu viel. (Dann das Bein weniger stark anwinkeln.) Nach ca. 10 Sekunden wechsle ich die Seiten.

Als Variante beide Knie beugen und beide zur gleichen Seite fallen lassen. Auch hier ist es wieder wichtig, dass der Oberkörper und die Schultern komplett auf dem Boden bleiben.

Der Oberkörper liegt vollständig auf dem Boden.

Vorwärtsbeuge im Stehen

Ich stelle mich mit gestreckten Beinen hin, strecke meine Arme wie Flügel zur Seite aus und komme mit dem Oberkörper nach unten. Den Kopf lasse ich hängen und meine Hände versuchen nun, die Füße oder den Boden zu berühren. Wenn dies gelingt, lege ich die Handflächen auf dem Boden ab, wenn nicht, umfasse ich meine weiterhin durchgestreckten Beine.

Diese Position halte ich eine Weile und gebe meinem Rücken die Möglichkeit loszulassen. Ich atme ruhig und lasse mich ganz bewusst hängen. Ich verschränke meine Arme und schüttle mit meinem Kopf „Nein" und anschließend „Ja". Danach beuge ich leicht meine Knie und komme achtsam mit rundem Rücken wieder nach oben.

TIPP

Wer kann, darf die Hände auch hinter dem Rücken verschränken und dann langsam und vorsichtig nach oben in Richtung Decke ziehen (siehe unteres Bild). Bitte die Hände erst lösen, wenn sie wieder unten hinter dem Rücken angekommen sind.

Fortgeschrittene verschränken die Hände hinter dem Rücken.

Die Programme

Im Folgenden möchte ich Dir vier Übungsprogramme vorstellen. Ich habe sie aus den verschiedenen Fitnesskapiteln zusammengestellt. Entwickelt wurden sie gemeinsam mit dem lizensierten Personal Fitness Trainer Michael Otto (www.maisonvital.de). Je nach Verfassung und Kondition kannst Du Dich für ein Programm entscheiden.

SOFT

Soft ist für Anfänger oder für Tage, an denen Du Dich nicht so motivieren kannst oder eher an ruhigen Bewegungen interessiert bist.

Bei diesem Programm drei Durchgänge hintereinander ausführen. Es dauert ca. 50–60 Minuten.

Übung	Wiederholungen/Länge	Seite
Rückenstrecken an der Wand	2 Minuten	50
Rüttle Dich und schüttle Dich	3 Minuten	34
Schulter-Nacken-Region entlasten	5-mal pro Seite	51
Ausfallschritt	10-mal pro Bein	39
Rückenrolle	2 Minuten	36
Beckenboden	20-mal	48
Hüftheben (einfache Variante)	20-mal	49
Drehübung für den Rücken	2-mal pro Seite	54
Crunches mit Nacken-schonung	2-mal 20 (mit einer kurzen Pause dazwischen)	41
Beine und Rücken dehnen	1-mal pro Bein	52
Beine und Rücken dehnen und Bauch massieren	1-mal pro Bein	53

QUICK

Quick gibt Dir die Möglichkeit, auch an Tagen mit wenig Zeit etwas für Dich zu tun.

Nach jeder Übung 30 Sekunden Pause machen, dann geht es sofort weiter. Das Programm dauert ca. 20 Minuten.

Übung	Wiederholungen/Länge	Seite
Burpees	20-mal	37
Kniebeuge	20-mal	38
Liegestütze	20-mal	40
Rückenkräftigung an der Wand	20-mal	45
Bauchübung in der Liegestütze	40-mal pro Seite, immer abwechselnd	42
Rückenübung in der Bauchlage	20-mal	46
Superwoman	15-mal pro Seite	47
Hüftheben	5 x 5 x 5 Variante	49
Schulter-Nacken-Region entlasten	3-mal pro Seite	51
Beine und Rücken dehnen und Bauch massieren	30 Sekunden	53
Drehübung für den Rücken	10 Sekunden pro Seite	54
Vorwärtsbeuge im Stehen	Mindestens 1 Minute	55

POWER

Power ist das komplette Programm, wenn Du Fortschritte machen willst und genügend Zeit hast. Das Programm dauert ca. 70-90 Minuten. Alle Wiederholungen werden mit jedem weiteren Training gesteigert. Wenn Du nicht auf Anhieb die angegebenen Wiederholungen schaffst, dann schreibe Dir Deine Startzahl auf und versuche mit jedem Training näher an die angegebenen Wiederholungen zu kommen. Danach versuche wöchentlich 2 Wiederholungen mehr zu schaffen.

Zunächst 3 Durchgänge Kraftübungen machen:

Übung	Wiederholungen/Länge	Seite
Rückenrolle	20-mal	36
Burpees	20-mal	37
Kniebeuge	20-mal	38
Ausfallschritt	10-mal pro Bein	39
Liegestütze	20-mal	40
Crunches mit Nackenschonung	30-mal	41
Bauchübung in der Liegestütze	20-mal	42
Seitliche Bauch- und Rumpfübung in der Stütze	20 Sekunden pro Seite halten und Arm/Bein-Variationen einfügen	43
Bauchübung mit Beinheben	20-mal	44
Rückenkräftigung an der Wand	15-mal	45
Rückenübung in der Bauchlage	15-mal	46
Superwoman	20-mal	47
Beckenboden	15-mal pro Bein	48
Hüftheben	5 x 5 x 5 Variation	49

Danach alle Flexi-Übungen einmal durchführen:

Übung	Wiederholungen/Länge	Seite
Rückenstrecken an der Wand	1 Minute	50
Schulter-Nacken-Region entlasten	3-mal pro Seite	51
Beine und Rücken dehnen	30 Sekunden pro Bein	52
Beine und Rücken dehnen und Bauch massieren	30 Sekunden pro Bein	53
Drehübung für den Rücken	10 Sekunden pro Seite	54
Vorwärtsbeuge im Stehen	Mindestens 1 Minute	55

Am Ende zur Entspannung mit der Übung Shavasana (siehe Seite 35) abschließen.

KAPITEL 3
REZEPTE

Küchenhilfen und Saucen

Hexenkräuter-würfel

Je eine Handvoll verschiedener frischer Kräuter:
Petersilie
Oregano
Estragon
Rosmarin
Majoran
Salbei
Dill
5–6 EL hochwertiges Olivenöl

Zubereitungszeit: 10 Minuten

Alle Kräuter waschen und mit einem Küchentuch trocknen. Stiele entfernen und hacken. Die Kräuter in gleichen Teilen vermengen.

Je 1 TL gehackte Kräuter in eine Eiswürfelform füllen und bis zum Rand mit Olivenöl auffüllen. Mit einem Zahnstocher verrühren. Anschließend in den Gefrierschrank stellen.

TIPP
Als Eiswürfelbehälter am besten Viereckige verwenden, sonst lösen sich die Kräuterwürfel später nicht so leicht aus der Form. Falls die Eiswürfelform wieder benötigt wird, können die Kräuterwürfel ausgelöst und in einer Gefriertüte oder Gefrierbox aufbewahrt werden.

Gemüsebrühe

ERGIBT ETWA 750 ML BRÜHE
2 Karotten
2 Stangen Lauch
1 Zwiebel
4–6 frische Champignons
½ Sellerieknolle
2 EL vegane Butter (z. B. Alsan)
1 Lorbeerblatt
4 schwarze Pfefferkörner
1 TL helle Sojasauce
1,5 l Wasser
6 Stängel Petersilie

Zubereitungszeit: 15 Minuten plus 30 Minuten Einkochzeit

Das Gemüse waschen beziehungsweise schälen und in kleine Stücke schneiden. Die vegane Butter in einem großen Topf schmelzen lassen. Karotten, Lauch, Zwiebel, Champignons und Sellerie hinzufügen und mit geschlossenem Deckel dünsten.

Alle übrigen Zutaten hinzufügen, aufkochen lassen und anschließend etwa 1 Stunde köcheln lassen. Die Brühe abgießen und das Gemüse mit einem Sieb auffangen. Die Brühe dann weitere 30 Minuten köcheln lassen.

Die Brühe lässt sich gut einfrieren oder im Kühlschrank bis zu drei Tage aufbewahren.

Erdnussdip

FÜR 2–4 PERSONEN
1 EL feines Erdnussmus
1 EL Sojasauce
1 EL Mikawa mirin (Reiswein-Würzsauce)
1 TL Agavendicksaft
½ TL Ingwerpaste
3 EL dickflüssige Kokosmilch

Zubereitungszeit: 5 Minuten

Alle Zutaten gut vermengen und mit dem Schneebesen oder Stabmixer sämig schlagen.

Erdnussdip in ein Glasgefäß geben und 1–2 Tage im Kühlschrank aufbewahren.

Ketchup

FÜR 2–4 PERSONEN
1 TL Sojasauce
3 TL Tomatenmark
2 TL Agavendicksaft
1 TL rotes Pesto
4 TL Sojasahne
50 ml Gemüsebrühe

Zubereitungszeit: 15 Minuten

Alle Zutaten miteinander verrühren und 10 Minuten in einem Topf einköcheln lassen – dabei gut rühren.

Ketchup in ein Glasgefäß geben und bis zu drei Tage im Kühlschrank aufbewahren.

Avocado-Mayonnaise

FÜR 2–4 PERSONEN
1 Avocado
4 Stängel frischer Dill
½ Limette
250 g Sojajoghurt

1 TL Feigensenf oder Mango-Basilikum-Senf
1 TL Agavendicksaft
Salz und Pfeffer nach Belieben

Zubereitungszeit: 10 Minuten

Die Avocado halbieren, entkernen und das Fruchtfleisch mit einem Löffel aus der Schale heben. Den Dill waschen und die Spitzen abzupfen, die Limette entsaften. Alle Zutaten vermischen, 2 Minuten mit dem Stabmixer pürieren und aufschlagen, bis eine dicke Creme entstanden ist.

Avocado-Mayonnaise in ein Glasgefäß geben und maximal einen Tag im Kühlschrank aufbewahren.

Sesamsauce

FÜR 2–4 PERSONEN
1 EL Sesampaste (Tahini)
½ TL Sambal Oelek
2 TL Mandelmilch
1 TL Agavendicksaft
½ TL Limettensaft
Salz und Pfeffer nach Belieben

Zubereitungszeit: 10 Minuten

Alle Zutaten gut vermengen und mit dem Schneebesen oder Stabmixer sämig schlagen.

Sesamsauce in ein Glasgefäß geben und 1–2 Tage im Kühlschrank aufbewahren.

Limetten-Dip

FÜR 2–4 PERSONEN
1 TL Feigensenf
1 TL Limettensaft
5 EL Sojajoghurt
1 TL frisch gehackter Dill
1 Msp. Safran
Salz nach Belieben

Zubereitungszeit: 5 Minuten

Alle Zutaten gut verrühren, bis eine sämige Sauce entsteht.

Limetten-Dip in ein Glasgefäß geben und maximal einen Tag im Kühlschrank aufbewahren.

Joghurt-Minze-Sauce

FÜR 2–4 PERSONEN
8 frische Minzeblätter
3 EL Sojajoghurt
1 EL Zitronensaft

½ TL milder Senf
1TL Agavendicksaft
2–3 Körner Kreuzkümmel
Salz und Pfeffer nach Belieben

Zubereitungszeit: 5 Minuten

Alle Zutaten in einen Mixer geben und kräftig mixen bis die Minze fein püriert ist.

Joghurt-Minze-Sauce in ein Glasgefäß geben und maximal einen Tag im Kühlschrank aufbewahren.

Tomaten-Mango-Chutney

FÜR 2–4 PERSONEN
200 g Mango
200 g Tomaten
20 g Ingwer
¼ Chilischote
1 unbehandelte Limette
1 TL Currypulver
1 Prise Zimt
2 EL Sesamöl
1 TL Agavendicksaft
1 Msp. Agar-Agar

Zubereitungszeit: 15 Minuten

Die Mango schälen und das Fruchtfleisch würfeln. Die Tomaten häuten, entkernen und ebenfalls grob würfeln. Beides zur Seite stellen.

Ingwer schälen und sehr klein hacken. Chilischote entkernen und ebenfalls sehr klein hacken. Limette waschen, etwas Schale fein abreiben und Saft auspressen.

Ingwer, Chili, Curry und Zimt mit dem Öl in einer Pfanne andünsten, dann Limettensaft und Schale, Agavendicksaft sowie Agar-Agar hinzugeben. Mango und Tomatenwürfel kurz mitkochen. Danach das Chutney abkühlen lassen.

Das Chutney in ein Glasgefäß geben und bis zu vier Tage im Kühlschrank aufbewahren.

Artischocken-Avocado-Dip

FÜR 2–4 PERSONEN
1 Avocado
4 Artischockenherzen aus dem Glas
125 g Sojajoghurt
1 TL Limettensaft
1 EL frischer Dill, gehackt
½ TL Feigensenf
Salz und Pfeffer nach Belieben

Zubereitungszeit: 10 Minuten

Die Avocado halbieren, entkernen, das Fruchtfleisch entnehmen und mit einer Gabel zerdrücken. Die Artischockenherzen klein hacken und alles mit Sojajoghurt, Limettensaft und Dill verrühren. Dann mit Feigensenf, Pfeffer und Salz abschmecken.

Artischocken-Avocado-Dip in ein Glasgefäß geben und maximal einen Tag im Kühlschrank aufbewahren.

Drinks

Sundown

1 KARAFFE (1,5–2 L FASSUNGSVERMÖGEN)
8 Scheiben frischer Ingwer
500 ml kochendes Wasser
500 ml stilles Wasser
300 ml Sprudelwasser
250 ml Orangensaft
1 EL Agavendicksaft

Zubereitungszeit: 2–3 Stunden
Reine Arbeitszeit: 5 Minuten

Den frischen Ingwer mit kochendem Wasser übergießen.
1 Stunde ziehen lassen. Die Ingwerscheiben entfernen,
die restlichen Zutaten hinzugeben und umrühren. Mit Eiswürfeln auffüllen und in den Kühlschrank stellen. Einige
Stunden kühlen.

Grüne Energie

1 KARAFFE (1,5–2 L FASSUNGSVERMÖGEN)
1 TL Matcha-Grünteepulver
*400 ml Wasser (aufgekocht und auf 60 °C
abgekühlt)*
300 ml Sprudelwasser
300 ml stilles Wasser
2 TL Limettensaft
100 ml Rhabarbersaft
3 EL Agavendicksaft
1 unbehandelte Limette
5 Pfefferminzblätter

Zubereitungszeit: 2 Stunden
Reine Arbeitszeit: 10 Minuten

Grünteepulver in das 60 °C warme Wasser einrühren, mit dem
Sprudel und dem stillem Wasser auffüllen und umrühren.
Limettensaft, Rhabarbersaft und Agavendicksaft hinzugeben.
Limette waschen, in Scheiben schneiden und in die Karaffe
geben. Die Pfefferminze im Mixer bei höchster Stufe zerkleinern
und hinzugeben. Die Karaffe mit Eiswürfeln auffüllen und in den
Kühlschrank stellen. Einige Stunden kühlen.

Grün so grün

1 KARAFFE (1,5–2 L FASSUNGSVERMÖGEN)
1 TL Matcha-Grünteepulver
400 ml Wasser (aufgekocht und auf 60 °C
abgekühlt)
300 ml Sprudelwasser
300 ml stilles Wasser
50 ml Maracujasaft
1 EL Limettensaft
2 EL Agavendicksaft

Zubereitungszeit: 2–3 Stunden
Reine Arbeitszeit: 10 Minuten

Grünteepulver in das 60 °C warme Wasser einrühren, mit
dem Sprudel und dem stillem Wasser auffüllen und umrühren.
Danach den Maracujasaft, Limettensaft und Agavendicksaft
dazugeben. Mit Eiswürfeln auffüllen und in den Kühlschrank
stellen. Einige Stunden kühlen.

Sonnengelb

1 KARAFFE (1,5–2 L FASSUNGSVERMÖGEN)
Verveine-Tee (Zitronenkraut)
1 l kochendes Wasser
200 ml Sprudelwasser
Saft von 2 roten Grapefruits
1 EL Limettensaft
1 EL Reissirup

Zubereitungszeit: 2 Stunden
Reine Arbeitszeit: 10 Minuten

Die Teeblätter mit 1 l kochendem Wasser übergießen und
10 Minuten ziehen lassen. Teeblätter entfernen. Tee mit dem
Sprudelwasser und den restlichen Zutaten auffüllen. Mit Eiswürfeln auffüllen und kalt stellen.

Mintgrün

1 KARAFFE (1,5–2 L FASSUNGSVERMÖGEN)
10 Pfefferminzblätter
500 ml stilles Wasser
1 EL Limettensaft
50 ml Maracujasaft
2 EL Agavendicksaft
500 ml Sprudelwasser
1 unbehandelte Limette

Zubereitungszeit: 2 Stunden
Reine Arbeitszeit: 10 Minuten

Pfefferminze im Mixer bei höchster Stufe mit stillem Wasser zerkleinern. Limettensaft, Maracujasaft und Agavendicksaft dazugeben und mit dem Sprudelwasser auffüllen. Limette in Scheiben schneiden und mit dazu geben. Mit Eiswürfeln auffüllen und in den Kühlschrank stellen. Einige Stunden kühlen.

TIPP
Der Drink schmeckt auch anstatt mit Maracujasaft mit Grapefruitsaft hervorragend.

Frappuchino

FÜR 1–2 PERSONEN
1 Tasse Espresso
200 ml Mandelmilch
3 Eiswürfel
2 TL brauner Zucker
1 Msp. Vanillepulver
1 EL Vanille-Sojajoghurt
2 TL Zartbitter–Schokotropfen

Zubereitungszeit: 10 Minuten

Alle Zutaten bis auf die Schokotropfen in einen Mixer geben und zu einem Shake verarbeiten. In schöne Gläser füllen und mit den Schokotropfen bestreuen.

Alle Zutaten in einen leistungsstarken Mixer geben und bei höchster Stufe 30–60 Sekunden in Intervallen mixen, bis die Konsistenz flüssig-sämig ist. Je nach Leistungsstärke des Mixers kann es ein paar Sekunden länger dauern.

ALLE SMOOTHIES FÜR 1–2 PERSONEN

Zubereitungszeit: Jeweils 5 Minuten

Spinat-Gurken-Smoothie

½ Banane
150 ml Wasser
1 EL Agavendicksaft (20ml)
25 g Salatgurke
50 g Babyspinat
80 g Apfel
50 ml Kokosmilch
Saft von 1 Limette
4 Eiswürfel

Apfel-Trauben-Spinat-Smoothie

½ grüner Apfel
1 Banane
100 g grüne Trauben
30 g Spinat
2 EL Sojajoghurt
1 EL Agavendicksaft
4 Eiswürfel

Sellerie-Orange-Ingwer-Smoothie

100 g Staudensellerie (etwa 2 Stangen)
1 Banane
Saft von 2 Orangen
1 EL Reissirup
2 EL Apfelmus
10 g frischer Ingwer
4 Eiswürfel

Alle Zutaten in einen leistungsstarken Mixer geben und bei höchster Stufe 30–60 Sekunden in Intervallen mixen, bis die Konsistenz flüssig-sämig ist. Je nach Leistungsstärke des Mixers kann es ein paar Sekunden länger dauern.

ALLE SMOOTHIES FÜR 1–2 PERSONEN

Zubereitungszeit: Jeweils 5 Minuten

Acai-Beeren-Smoothie

½ Banane
150 ml Mandelmilch
50 g gefrorene Erdbeeren
Saft von 1 Orange
1 TL Acaipulver
1 Msp. Vanillepulver
1 TL Agavendicksaft

Lucuma-Smoothie

1 TL Lucumapulver
4 reife Aprikosen
2 getrocknete Datteln
1 TL Leinöl
1 TL Agavendicksaft
1 kleiner Apfel
50 ml stilles Wasser
Saft von 1 Orange
3 Eiswürfel

Weizengras-Smoothie

1 ½ TL Weizengraspulver
1 TL Agavendicksaft
Saft von 1 Grapefruit
1 Banane
3 Eiswürfel

TIPP
Wer es noch fruchtiger mag, gibt zusätzlich fünf frische Erdbeeren oder Himbeeren dazu. Nimmt man gefrorene Früchte, kann man die Eiswürfel weglassen.

Alle Zutaten in einen leistungsstarken Mixer geben und bei höchster Stufe 30–60 Sekunden in Intervallen mixen, bis die Konsistenz flüssig-sämig ist. Je nach Leistungsstärke des Mixers kann es ein paar Sekunden länger dauern.

ALLE SMOOTHIES FÜR 1–2 PERSONEN

Zubereitungszeit: Jeweils 5 Minuten

Avocado-Birne-Smoothie

¼ Avocado
½ Birne
1 EL Vanille-Sojajoghurt
50 ml Mandelmilch
50 ml stilles Wasser
1–2 TL Agavendicksaft
1 Msp. Zimt
4 Eiswürfel

Kokos-Ananas-Spinat-Smoothie

1 Handvoll frischer Baby-Spinat
100 g frische Ananas
2 TL Kokosflocken
50 ml ungesüßte Kokosmilch
1–2 TL Agavendicksaft
50 ml stilles Wasser
3 Eiswürfel

Feldsalat-Orange-Banane-Smoothie

2 Handvoll Feldsalat
Saft von 1 Orange
½ reife gefrorene Banane
70 ml Nussmilch
2 Eiswürfel

Alle Zutaten in einen leistungsstarken Mixer geben und bei höchster Stufe 30–60 Sekunden in Intervallen mixen, bis die Konsistenz flüssig-sämig ist. Je nach Leistungsstärke des Mixers kann es ein paar Sekunden länger dauern.

ALLE SMOOTHIES FÜR 1–2 PERSONEN

Zubereitungszeit: Jeweils 5 Minuten

Blaubeeren-Spinat-Mesquite-Smoothie

70 ml Mandelmilch
1 Handvoll Baby-Spinat
½ reife gefrorene Banane
1 Prise Vanillepulver
80 g Blaubeeren
½ TL schwach entöltes Kakaopulver
1 TL Mesquitepulver

Kiwi-Erdbeer-Banane-Ananas-Smoothie

½ reife gefrorene Banane
1 Kiwi
70 g frische Ananas
50 g gefrorene Erdbeeren
70 ml Grapefruitsaft
20 ml stilles Wasser
1 EL Vanille-Sojajoghurt
1 TL Agavendicksaft

TIPP
Mesquitepulver ist reich an Kalzium, Magnesium, Kalium, Eisen und Zink sowie der essenziellen Aminosäure Lysin. Mesquite gehört zu den Mimosengewächsen und wird auch als Süßhülsenbaum bezeichnet. (Gibt es in einigen Online-Shops zu kaufen oder im gut sortierten Bioladen.)

Pancakes

FÜR 2–4 PERSONEN

Beilage

4 TL Zartbitter-Schokoaufstrich
1 Banane, in Scheiben geschnitten
1 Handvoll Blaubeeren
1 Handvoll Himbeeren

Pancakes

200 ml Mandelmilch
2 reife Bananen
100 g Haferflocken
30 g Quinoa gepoppt
1 TL Backpulver
2 TL Agavendicksaft
1 Prise Salz

2–3 EL Rapsöl zum Ausbacken

Zubereitungszeit: 20–25 Minuten

Alle Zutaten für die Pancakes im Mixer vermengen, bis ein cremiger Teig entsteht.
Eine Pfanne mit etwas Rapsöl (nicht das gesamte Öl) auf mittlere Temperatur einstellen.
(Vorsicht: Durch die Bananen im Teig können die Pancakes schnell verbrennen.)

Mit einem Esslöffel kleine Pancakes formen und etwa 3–5 Minuten pro Seite backen.

Die Pancakes schichten und in die Zwischenräume Bananenscheiben, Schokoaufstrich und Beeren füllen.

Auf dem Teller mit etwas Zartbitter-Schokoaufstrich und Beeren anrichten.

Erdbeerkonfitüre

½–1 TL Agar-Agar (je nach gewünschter Konsistenz)
½ TL Vanillepulver
1 Prise Zimt
300 g gefrorene Erdbeeren
100 ml stilles Wasser
1 TL Limettensaft
1 EL Agavendicksaft

Zubereitungszeit: 10 Minuten

Das Agar-Agar mit dem Vanillepulver und dem Zimt mischen. Die gefrorenen Erdbeeren mit dem Wasser in einen Topf geben und bei kleiner Hitze erwärmen. Wenn die Erdbeeren aufgetaut sind, den Limettensaft und den Agavendicksaft hinzugeben und alles mit dem Stabmixer pürieren, dann aufkochen.

Die Agar-Agar-Mischung hinzugeben und 1 Minute sprudelnd kochen.

Anschließend sofort in ein Marmeladenglas füllen. Abkühlen lassen und über Nacht in den Kühlschrank stellen. Die Konfitüre hält sich etwa 3–4 Tage im Kühlschrank.

Schoko-Nuss-Aufstrich

20 g Walnüsse
20 g Pistazien
40 g Haselnüsse
70 g Rohrohrzucker
1 Päckchen Vanillezucker
1 EL geraspelte Bitterschokolade
100 g Zartbitter–Schokotropfen
200 g Sojasahne

Zubereitungszeit: 10–15 Minuten

Die Nüsse mit dem Zucker, dem Vanillezucker und den Schoko-raspeln im Mixer ganz fein mahlen.

Die Sahne erhitzen und die Schokotropfen darin schmelzen. Die Schoko-Sahne-Masse unter die Nuss-Zucker-Mischung heben und abkühlen lassen. Dabei ab und zu umrühren.

In ein schönes Glas geben und in den Kühlschrank stellen.

Der Aufstrich hält sich etwa 5–8 Tage im Kühlschrank.

Bananen-Kokos-Porridge

FÜR 2 PERSONEN
200 ml Mandelmilch
7 EL Haferflocken
1 Banane
1 EL Kokosraspel
1 TL Agavendicksaft
1 Prise Vanillepulver
1 Prise Zimt

Zubereitungszeit: 8 Minuten

Die Mandelmilch mit den Haferflocken und der klein geschnittenen Banane in einen Topf geben. Kokosraspel, Agavendicksaft, Zimt und Vanille dazugeben.

Alles unter Rühren kurz aufkochen, dann mit dem Deckel zudecken und 5 Minuten ruhen lassen.

Danach in eine Schüssel füllen und nach Belieben mit Kokosraspeln bestreut servieren.

Dinkelgrießbrei
mit getrockneten Früchten

FÜR 2–3 PERSONEN
800 ml Mandelmilch
1 TL Zimt
2 TL Agavendicksaft
200 g Dinkelgrieß
8 getrocknete entsteinte Datteln
3 getrocknete softe Feigen
2 EL Rosinen

Zubereitungszeit: 10–15 Minuten

Mandelmilch aufkochen, Zimt und Agavendicksaft hinzufügen und den Dinkelgrieß einstreuen. Kurz aufkochen lassen, dabei immer wieder umrühren und dann stehen lassen.

Die Datteln und Feigen klein würfeln und mit den Rosinen unter den Grieß heben. Dann den Brei etwa 5–10 Minuten ziehen lassen.

TIPP
Anstelle der Mandelmilch kann man ebenso jede andere pflanzliche Milch, ein Gemisch oder auch nur Wasser nehmen.

Birchermüsli
über Nacht

FÜR 2–4 PERSONEN
100 ml Sojasahne
350 ml Mandelmilch
20 g Rohrohrzucker oder 1 EL Agavendicksaft
250 g Sojajoghurt
3 EL Rosinen
180 g Haferflocken
1 Apfel, gewürfelt
1 Banane, in Scheiben geschnitten
3 EL Blaubeeren
1 Spritzer Zitronensaft

Zubereitungszeit: 10 Minuten (und die Nacht)

In einem Topf oder einer abdeckbaren Schüssel die Sahne mit der Mandelmilch, Zucker (bzw. Agavendicksaft), Joghurt, Rosinen und Haferflocken gut vermengen. Über Nacht in den Kühlschrank stellen.

Am nächsten Morgen das frische Obst (kann je nach Geschmack variieren) hinzugeben und mit dem Zitronensaft abschmecken. Gut umrühren und servieren.

Früchtejoghurt
mit Crunch

FÜR 2 PERSONEN
½–1 Mango (je nach Größe)
¼–½ Papaya (je nach Größe)
2 Pfirsiche
1 Limette
500 g Sojajoghurt
1 TL Vanillepulver
1 EL Agavendicksaft
4 EL Dinkel-Knusper-Müsli

Zubereitungszeit: 5–10 Minuten

Mango, Papaya und Pfirsiche entkernen, schälen und in kleine Würfel schneiden. Alles vermengen und mit dem Saft einer Limette übergießen. Den Sojajoghurt mit der Vanille und dem Agavendicksaft anrühren.

In Gläser je 1–2 EL Dinkel-Knusper-Müsli geben, je 2–3 EL Früchte-Mix darauf schichten und mit je 3–4 EL Sojajoghurt abschließen.

Müslivariationen
mit frischen Beeren

Mögliche Zutaten:

Amaranth gepoppt
Quinoa gepoppt
Braunhirseflakes
Cornflakes
Haferflocken
Haferkleie
Dinkelflocken
Kamutflocken
Gerstenflocken
Buchweizen
Dinkel gepufft

Dinkel-Crunch
Rosinen
Gojibeeren
Leinsamen
Kokosflocken
gehackte Nüsse
1 EL Sojajoghurt
2 EL Hafermilch
1 Spritzer Agavendicksaft
2–3 EL frische Beeren oder
anderes Obst

Ich habe bis jetzt noch nie eine Müslimischung gefunden, die zum einen wirklich das enthält, was ich möchte, und zum anderen komplett ohne irgendwelche süßen Zusätze auskommt. Gehe einfach mal in die entsprechende Abteilung Deines Bioladens und suche Zutaten aus, die Dich ansprechen – in Rohform!

Wenn Du die Zutaten separat lagerst, kann die Mischung jeden Tag anders ausfallen und Du kannst die Zutaten auch noch für andere Gerichte nutzen.

Gib noch etwas Sojajoghurt und/oder Pflanzenmilch dazu, einen Spritzer Agavendicksaft oder Reissirup, und toppe das Ganze mit viel frischem Obst.

TIPP
Fülle die einzelnene Zutaten in schöne Behälter und mache Dir ein Ritual daraus, Dir Deine Mischung zusammenzustellen.

Bananenbrot

250 g Dinkelvollkornmehl
3 TL Weinsteinbackpulver
1 Msp. Salz
1 TL Zimt
60 g Erdmandelmehl
1 EL Kokosflocken
80 g Rohrohrzucker
120 ml Mandelmilch

100 ml Raps- oder Sonnen-
blumenöl
60 g Walnüsse
50 g gemahlene Haselnüsse
3–4 reife Bananen
1 TL vegane Butter (z. B. Alsan)
1 EL Semmelbrösel (oder Erdmandelmehl)

Zubereitungszeit: 60 Minuten
Reine Arbeitszeit: 15 Minuten

Backofen auf 180 °C vorheizen.

Dinkelvollkornmehl, Backpulver, Salz, Zimt, Erdmandelmehl,
Kokosflocken und Zucker in eine Schüssel geben und mit der
Milch und dem Öl zu einem Teig verarbeiten. Die Walnüsse nach
Belieben etwas zerkleinern und mit den gemahlenen Haselnüssen
ebenfalls unter den Teig rühren. Zuletzt die Bananen pürieren
und hinzufügen. Den Teig mit einem Handrührgerät verrühren.

Eine Kastenbackform mit veganer Butter einfetten und Semmelbrösel oder etwas Erdmandelmehl einstreuen.

Auf der mittleren Schiene des Backofens etwa 40–50 Minuten
backen. Kurz abkühlen lassen und auf einen Rost oder ein Holz-
brett stürzen. Auskühlen lassen.

TIPP
Je reifer die Bananen sind,
desto weniger Zucker muss
man verwenden.

Suppen

Kartoffel-Karotten-Kokos-Suppe

FÜR 3–4 PERSONEN
300 g Kartoffeln
200 g Karotten
15 g frischer Ingwer
3 EL Sonnenblumenöl
2 EL mittelscharfes Currypulver
400 ml Gemüsebrühe
150 ml Kokosmilch
100 ml Sojasahne
4 Stängel Minze

Zum Garnieren:
20 g Kokosflocken

Zubereitungszeit: 20–25 Minuten

Kartoffeln und Karotten schälen. Die Kartoffeln etwa in 1 cm
große Würfel, die Karotten in 0,5–1 cm große Scheiben
schneiden. Den Ingwer schälen und klein hacken. Kartoffeln,
Karotten und Ingwer in einem Wok mit dem Öl etwa 5 Minuten
anbraten. Das Currypulver einstreuen, kurz mitbraten und
dann mit der Gemüsebrühe ablöschen. Nach und nach die
Kokosmilch und die Sojasahne zugeben und aufkochen lassen.
Nun bei mittlerer Hitze etwa 15 Minuten köcheln lassen.

Die Minzeblättchen abzupfen und einige zum Garnieren zur
Seite legen, den Rest mit in die Suppe geben.

Die Suppe mit dem Stabmixer pürieren, in Schalen servieren
und mit einem Teelöffel Kokosflocken und den Minzeblättchen
garnieren.

Kürbiscreme-suppe

FÜR 4 PERSONEN
1 Hokkaido-Kürbis
5 Karotten
25 g frischer Ingwer
1 EL Sesamöl
1 EL Rapsöl
1 EL Sojaöl
1 TL Kurkuma
1½ TL scharfes Currypulver
400 ml Brühe
400 ml Kokosmilch
1 TL Limettensaft
1–2 TL Sojasauce
Salz und Pfeffer nach Belieben

Zubereitungszeit: 20–25 Minuten

Den Kürbis waschen, aushöhlen und etwa 1 cm groß würfeln.
Karotten schälen und in 0,5–1 cm große Scheiben schneiden.
Ingwer schälen und klein hacken. Alles zusammen mit dem
Ölgemisch aus Sesam-, Raps- und Sojaöl ein paar Minuten
andünsten. Kurkuma und Currypulver hinzufügen und kurz
mitbraten.

Mit der Gemüsebrühe ablöschen und etwa 20 Minuten weich
kochen.

Danach mit dem Stabmixer pürieren und die Kokosmilch sowie
den Limettensaft unterrühren. Zuletzt mit Sojasauce, Salz und
Pfeffer abschmecken.

Auberginen-Kürbis-Eintopf
mit Kichererbsen

FÜR 3–4 PERSONEN
20 g frischer Ingwer
1 mittelgroße Aubergine
2 EL Olivenöl
1 TL Ingwerpaste
1 TL Garam masala
1 TL Kurkuma
1 Prise Chilipulver
½ TL Kreuzkümmel
1 Msp. Kardamompulver
400 g Hokkaido-Kürbis

250 g stückige Tomaten aus
der Dose
220 g vorgekochte Kicher-
erbsen
200 ml Kokosmilch oder
Sojasahne
2 TL Sojasauce

Zum Garnieren:
1 TL schwarze Sesamkörner
1 TL frisch gehackter Koriander

Zubereitungszeit: 20–25 Minuten

Ingwerwurzel schälen und klein hacken. Die Aubergine waschen und in kleine Würfel schneiden. Den Ingwer im Öl kurz anbraten, dann die Auberginenwürfel dazugeben. Nacheinander die Gewürze dazugeben. Eventuell etwas Öl nachgeben, da die Aubergine viel Öl aufsaugt. Mindestens 5–10 Minuten braten.

In der Zwischenzeit den Kürbis waschen, halbieren, die Kerne entfernen und das Fruchtfleisch in etwa 1 cm große Würfel schneiden. Zu den Auberginen geben und für 2 Minuten mit Deckel weiterbraten. Anschließend die Tomaten dazugeben und 3 Minuten weiterköcheln lassen. Kichererbsen sowie Kokosmilch oder Sojasahne einrühren und weitere 5 Minuten kochen.

Mit schwarzem Sesam und dem frisch gehackten Koriander servieren.

TIPP
Der Eintopf schmeckt auch gut mit Basmati-Naturreis oder Quinoa.

Schnelle Gemüsesuppe

FÜR 4 PERSONEN

1,5 l Wasser
1 Karotte
3 Kartoffeln
¼ Fenchel
1 EL Olivenöl
1 Prise Chilipulver
1 TL Paprikapulver
2 TL Tomatenmark
1 TL Ingwerpaste
1 TL getrocknete italienische Kräuter
2 TL vegane Instant-Brühwürze
2 EL stückige Tomaten aus der Dose
400 g gefrorenes Suppengemüse
2 EL vegane Buchstabennudeln
Salz und Pfeffer nach Belieben

Zubereitungszeit: 15 Minuten

Das Wasser zum Kochen bringen. Karotte und Kartoffeln schälen und klein würfeln. Den Fenchel waschen und ebenfalls klein würfeln. Karotte, Kartoffeln und Fenchel ins kochende Wasser geben und mit allen Kräutern und Gewürzen aufkochen. Nach 2 Minuten die Tomaten aus der Dose, das gefrorene Suppengemüse und die Buchstabennudeln hinzugeben.

Die Suppe nochmals aufkochen lassen und dann die Temperatur verringern. Für weitere 10 Minuten köcheln lassen. Zum Schluss mit Salz und Pfeffer abschmecken.

Brokkoli-Beluga-Linsen-Suppe

FÜR 2–3 PERSONEN

100 g Beluga-Linsen
2 l Gemüsebrühe
1 Hexenkräuterwürfel
1 TL Ingwerpaste
300 g Brokkoli
½ TL getrockneter Thymian
1 TL Sojasauce
1 TL Mandelmus
1 EL Sojasahne
Salz und Pfeffer nach Belieben

Zubereitungszeit: 30 Minuten
Reine Arbeitszeit: 10 Minuten

Beluga-Linsen waschen und 25 Minuten in 1 l Gemüsebrühe mit einem Hexenkräuterwürfel und ½ TL Ingwerpaste kochen. Übrig gebliebene Flüssigkeit abschütten und die Linsen zur Seite stellen.

Den Brokkoli waschen, in Röschen teilen und in 1 l Gemüsebrühe mit ½ TL Ingwerpaste und Thymian kurz aufkochen und anschließend ziehen lassen. Wenn der Brokkoli weich genug ist, von der Herdplatte nehmen und pürieren. Dabei das Mandelmus, die Sojasauce und die Sojasahne dazugeben. Zum Schluss mit Salz und Pfeffer abschmecken.

Die Suppe in Gläsern servieren. Dazu 2 EL Beluga-Linsen unten ins Glas geben und mit der Brokkolisuppe auffüllen.

Rote Linsen-Karotten-Suppe

FÜR 3–4 PERSONEN
750 g Karotten
10 g Ingwer
½ rote Peperoni (wenn sehr scharf,
weniger nehmen)
2 EL Olivenöl
200 g rote Linsen
1 Msp. Kardamompulver
1 Prise frisch gemahlener Pfeffer
650 ml Gemüsebrühe
8 Minzblätter
1 Prise Muskatnuss

Zubereitungszeit: 20 Minuten

Die Karotten schälen und in Scheiben schneiden. Ingwer schälen und klein würfeln. Peperoni aufschneiden, entkernen und hacken.

Öl in einem Topf erhitzen und die Karottenscheiben mit dem Ingwer und der Peperoni etwa 5 Minuten andünsten. Linsen, Pfeffer und Kardamom hinzufügen und nach etwa 2 Minuten mit der Gemüsebrühe ablöschen. Nun weitere 10 Minuten köcheln lassen. Ein Drittel der Suppe entnehmen und pürieren, danach wieder zur restlichen Suppe geben. Erneut aufkochen und eine Prise Muskatnuss hinzugeben.

Die Minzeblätter waschen und zerkleinern. Einige Blätter zur Seite stellen.

In Schälchen servieren, mit der gehackten Minze bestreuen und mit den Minzeblättern garnieren.

Cremige Brokkolisuppe

FÜR 3–4 PERSONEN
1 kleiner Brokkoli
2 Kartoffeln
1 Stange Staudensellerie
1–1,5 l Gemüsebrühe
½ TL Liebstöckel
½ TL Arabisches Gewürz (z. B. Arabische
Küche von Lebensbaum)
½ TL Currypulver
100 ml Sojasahne
½ TL weißer Pfeffer
Salz nach Belieben

Zubereitungszeit: 30 Minuten
Reine Arbeitszeit: 20 Minuten

Den Brokkoli waschen und in kleine Röschen zerteilen. Die Kartoffeln schälen und würfeln, den Staudensellerie abziehen und würfeln. Das Gemüse mit den Gewürzen in der Gemüsebrühe etwa 15 Minuten kochen.

Mit einem Stabmixer fein pürieren und mit der Sojasahne verrühren. Mit Salz und Pfeffer abschmecken.

Gelbe Zucchinisuppe

FÜR 3–4 PERSONEN
1 Gemüsezwiebel
400 g gelbe Zucchini
2 EL Sesamöl
1 TL Currypulver
1 TL Kurkuma
½ TL Kreuzkümmel
½ TL Cayennepfeffer
700 ml Gemüsebrühe
100 ml Sojasahne
1 Prise Salz

Zum Garnieren:
Vegane Cracker und getrocknete Cranberrys

Zubereitungszeit: 15 Minuten

Die Zwiebel abziehen und fein würfeln. Die Zucchini waschen und ebenfalls würfeln. Das Öl im Topf erhitzen und Curry, Kurkuma, Kreuzkümmel sowie Cayennepfeffer anrösten. Zwiebel und Zucchini dazugeben und andünsten. Mit der Brühe ablöschen und 10 Minuten kochen lassen.

Die Mischung mit dem Stabmixer fein pürieren, mit Sojasahne und Salz abschmecken und nochmals kurz erhitzen. Suppe in Schalen servieren und mit Crackern und Cranberrys anrichten.

Ratatouille-Suppe
mit Blätterteigröllchen

FÜR 4 PERSONEN
1 Aubergine
1 Zucchini
½ rote Paprika
½ gelbe Paprika
1 Gemüsezwiebel
3 EL Olivenöl
500 ml Gemüsebrühe
1 Dose geschälte Tomaten
(400 g)
1 Hexenkräuterwürfel

1 TL Tomatenmark
1 TL Stängel frischer Thymian
100 ml Sojasahne
1–2 TL edelsüßes Paprikapulver
Salz und Pfeffer nach Belieben

Blätterteigröllchen:
2 Platten veganer Tiefkühl-Blätterteig
3–4 TL veganes rotes Pesto

Zubereitungszeit: 25 Minuten

Aubergine und Zucchini waschen, Paprika waschen und entkernen, Gemüsezwiebel abziehen und alles in kleine Würfel schneiden. Thymianstiele waschen und die Blättchen von den Stängeln zupfen.

2 EL Olivenöl erhitzen und die Gemüsemischung darin anbraten. Solange das Gemüse noch knackig ist, etwa 50 g des Gemüses entnehmen und zur Seite stellen. Den Rest mit der Gemüsebrühe ablöschen. Die Tomaten, den Hexenkräuterwürfel, das Tomatenmark und den Thymian hinzufügen und etwa 20 Minuten köcheln lassen. Gelegentlich umrühren.

Den Ofen auf 150 °C vorheizen.

Für die Blätterteigröllchen den Blätterteig leicht ausrollen und quer in 1,5 cm dicke Streifen schneiden. Die Streifen mit dem roten Pesto bestreichen und wie eine Schnecke einrollen. Die Röllchen in den Ofen geben und 10 Minuten goldgelb backen.

Wenn die Suppe fertig ist, mit dem Stabmixer pürieren und mit der Sojasahne, Paprikapulver, Salz und Pfeffer abschmecken. Die angebratenen Gemüsewürfel zur Dekoration auf die Suppe geben. Die Blätterteigröllchen als Beilage servieren.

Leicht genießen

Rote-Bete-Mangold-Salat

FÜR 2 PERSONEN
200 g vorgekochte Rote Bete
60 g roter Mangold (oder eine Mischung
aus Feldsalat und Rucola)
25 g Walnüsse
80 g Cocktail- oder Kirschtomaten

Für das Dressing:

1 TL Crema di Balsamico
1 TL Mandelmus
1 TL Mango-Balsamico-Senf (z. B. von
Bioland)
½ TL Limettensaft
½ TL Agavendicksaft
2 TL Olivenöl
Salz und Pfeffer nach Belieben

Zubereitungszeit: 10 Minuten

Für jeden Salatteller 100 g Rote Bete in feine Scheiben schneiden (wie bei einem Carpaccio) und auf dem Teller anrichten. Den roten Mangold waschen, abtropfen lassen und über der Roten Bete verteilen. Walnüsse zerkleinern und auf dem Salat verteilen. Cocktailtomaten halbieren oder vierteln und ebenfalls über dem Salat verteilen.

Die Crema di Balsamico mit dem Mandelmus, Mango-Balsamico-Senf, Limettensaft, Agavendicksaft, Salz und Pfeffer in einer Schüssel gut vermischen. Zum Schluss Olivenöl dazugeben. Die Sauce über den Salat träufeln.

TIPP
Gekühlt schmeckt der Salat
am besten.

Spinat-Avocado-Quinoa-Salat

FÜR 3–4 PERSONEN
150 g Quinoa
100 g vorgekochte Kicher-
erbsen
120 g Staudensellerie
90 g schwarze Oliven
(entsteint)
50 g Babyspinat
1 Avocado
1–2 Stängel glatte Petersilie
5 Minzblätter

Dressing:
1–2 EL Olivenöl
1 Zitrone
2 EL Sojajoghurt
½ TL Salz
½ TL Arabisches Gewürz
(z. B. Arabische Küche von
Lebensbaum)
½ TL Feigensenf
½ TL Agavendicksaft
frisch gemahlener Pfeffer

Zubereitungszeit: 15 Minuten

Quinoa nach Packungsanleitung kochen und abkühlen lassen. Mit der Gabel auflockern. Kichererbsen kurz mit Wasser abspülen und abtropfen lassen. Staudensellerie waschen, Fäden entfernen und in feine Scheiben schneiden. Die Oliven ebenfalls in feine Scheiben schneiden, den Babyspinat waschen und grob hacken. Die Avocado halbieren, entkernen und das Fruchtfleisch mit einem Löffel aus der Schale heben. Das Fruchtfleisch würfeln. Petersilie und Minze waschen, Blätter abzupfen und klein hacken.

Die Zitrone halbieren und auspressen. In einer Schüssel Olivenöl, Zitronensaft, Sojajoghurt, Salz, Pfeffer, Arabisches Gewürz, Feigensenf und Agavendicksaft zu einem Dressing verrühren. Dann alle Salatzutaten damit vermengen.

Sommerrolle

FÜR 2–4 PERSONEN
Personen (je nachdem, ob
Vorspeise oder Hauptgericht)

1 Bambusmatte / Sushimatte

8 Blätter Reispapier
1 Karotte
1 Salatgurke
1 EL Limettensaft
2 EL Mikawa mirin (Reiswein-
Würzsauce)
1 TL Agavendicksaft
1 Handvoll gekochter Reis
30 g Reisnudeln
80 g Mungobohnenkeimlinge
8 Salatblätter eines Kopfsalates
8 Scheiben Räuchertofu
½ EL Öl zum Anbraten
4 Stängel frische Minze
4 Stängel frischer Koriander

Variante für den Dip:
1 EL cremige Erdnussbutter
1 EL Sojasauce
3 EL Kokosmilch
1 EL Mikawa mirin
1 TL Ingwerpaste
1 Spritzer Zitronensaft

Variante für den Dip:
1 TL Limettensaft
1 TL Mikawa mirin
1 TL Agavendicksaft
1 Messerspitze Chilipulver
1 EL Mangomus oder Mango-
sauce

Zubereitungszeit: 40–50 Minuten
Reine Arbeitszeit: 20–25 Minuten

Die Karotte schälen, die Gurke waschen und beides in Stifte schneiden. Limettensaft, Mikawa mirin und Agavendicksaft vermischen und als Marinade über die Gurken- und Karottenstifte geben. In einem Schälchen den vorgekochten Reis mit 1 TL Mikawa mirin vermengen.

Wasser aufkochen. Die Reisnudeln in eine Schüssel legen, das kochende Wasser darüber gießen und 10 Minuten ziehen lassen.

Die Keimlinge und die Salatblätter waschen und trockentupfen. Den Räuchertofu in etwa 0,5 cm dünne Scheiben schneiden und von beiden Seiten in etwas Öl anbraten, bis er leicht knusprig ist. In der Zwischenzeit die Reisnudeln abschütten und abschrecken.

Alle Zutaten bereitstellen. Das Reispapier mit Wasser befeuchten und auf der Bambusmatte ablegen. Nun zuerst ein Salatblatt darauf ausbreiten, darüber ein paar Reisnudeln, etwas Reis, Karotten, Sojakeime, Gurke, Tofu, etwas Koriander und 1–2 Minzblätter legen. Das obere und untere Ende des Reispapiers einschlagen und die Füllung mit Hilfe der Bambusmatte von einer Seite einrollen. Die fertigen Rollen auf einem Teller ablegen. Für etwa 20–30 Minuten in den Kühlschrank stellen.

Währenddessen die gewünschte Dip-Variante zubereiten. Dazu alle Zutaten gut vermengen und mit dem Schneebesen oder Stabmixer sämig schlagen.

Die fertig gekühlten Rollen einfach in die Hand nehmen, in den Dip tunken und genießen.

TIPP
Reispapier sollte man nur mit Wasser befeuchten. Keinesfalls im Wasser liegen lassen, bis es weich ist.

Zucchini-Pilz-Reis-Pfanne

FÜR 2–3 PERSONEN
250 g Basmati Wildreis-Mischung
400 g braune Champignons
500 g Zucchini
250 g Mini Roma-Tomaten
1 TL vegane Instant-Brühwürze
1 EL Sojasahne
1 TL Sojasauce
3 Stängel glatte Petersilie
2 TL vegane Butter

Zubereitungszeit: 30 Minuten

Den Basmati-Wildreis im Reiskocher oder nach Packungsangabe in einem Topf garen.

Die Pilze säubern und in Scheiben schneiden. Die Zucchini waschen und mit dem Lurch Spiralschneider durch das dicke Messer ziehen. Die so entstandenen Spiralen in etwa 2–3 cm lange Stücke schneiden.
(Falls kein Lurch zur Hand, die Zucchini entweder in etwa 5 mm dicke und 2 cm lange Stifte schneiden oder noch einfacher: Mit einem Sparschäler in gleichmäßigen Streifen abschälen. Das Innere der Zucchini ist hierfür jedoch nicht geeignet.)

Die Pilze in der veganen Butter etwa 2–3 Minuten andünsten. Das dabei entstandene Wasser abschütten. Die Zucchini dazugeben und 3 Minuten weiterdünsten.

Zwischenzeitlich die Tomaten waschen, in Scheiben schneiden und zur Seite stellen. Die Petersilie waschen, abzupfen, hacken und ebenfalls zur Seite stellen.

Über die Gemüsemischung die Brühwürze streuen, Sojasauce und Sojasahne dazugeben. Den fertigen Reis mit etwas veganer Butter kurz anbraten und mit der Gemüsemischung vermengen. Mit Salz und Pfeffer abschmecken.

Das Gericht mit den frischen Tomatenscheiben und der Petersilie garnieren.

TIPP
Wer Räuchertofu mag, kann ihn noch gewürfelt dazugeben. Allerdings sollte er vorher etwas angebraten werden, damit er knusprig ist.

Spinat-Tofu-Wraps

FÜR 1–2 PERSONEN

2 Weizen-Wraps (oder andere Wraps)
1 TL Erdnussbutter
2 EL Humus
1 Fleischtomate
½ Avocado
1 Salatgurke
1 Handvoll Babyspinat
6 Scheiben Räuchertofu

Zubereitungszeit: 5–10 Minuten

Weizen-Wraps im Ofen oder in der Mikrowelle kurz erwärmen und dann mit der Erdnussbutter und dem Humus bestreichen. Tomate, Avocadofleisch sowie die Gurke in Scheiben schneiden. Wer mag, brät den Räuchertofu kurz von beiden Seiten knusprig an.

Jeden Wrap mit Babyspinat, Tomatenscheiben, Avocadostreifen, Gurkenscheiben und den Räuchertofuscheiben belegen. Dann von einem Ende zusammenrollen und sobald man etwa in der Mitte angekommen ist, beide Seiten einklappen.

TIPP
Wraps eignen sich hervorragend als Snack für unterwegs und lassen sich ganz leicht variieren.

Gemüse-Tofu-Mix

FÜR 2–3 PERSONEN

3 EL Olivenöl (oder 2 Hexenkräuterwürfel)
2 TL rotes Pesto
1 EL frischer Rosmarin, gehackt
1 TL Oregano und Estragon (wenn keine Hexenkräuterwürfel zur Hand)
1 TL Salz
3 Karotten
6 Champignons
½ kleiner Fenchel
1 Zucchini
1 Aubergine
200 g Tofu natur
1 TL Sesam

Zubereitungszeit: 20–25 Minuten

Ofen auf 220 °C Umluft vorheizen.

In einer Schüssel das Olivenöl (oder 2 Hexenkräuterwürfel auftauen), mit dem roten Pesto, dem Salz und den frisch gehackten Kräutern verrühren.

Die Karotten schälen. Champignons gut putzen oder abziehen. Das restliche Gemüse nur waschen und alles würfeln. Tofu ebenfalls würfeln. Die Gemüse-Tofu–Mischung in der Schüssel mit der Marinade vermengen.

Ein Backblech mit Backpapier auslegen und die Gemüsemischung darauf verteilen. Das Gemüse etwa 15–20 Minuten backen. Es sollte gut durchgebacken sein und darf leicht angeröstet aussehen. Kurz vor Ende der Backzeit ein paar Sesamkörner auf den Tofu streuen.

Dazu passt sehr gut die Avocado-Dill-Mayonnaise, der Erdnuss-Dip oder das selbst gemachte Ketchup von Seite 64.

Rote-Bete-Salat
mit Linsen

FÜR 3–4 PERSONEN
4 kleine bunte Zuckerpaprika
4 in Öl eingelegte
Artischockenherzen
1 Zucchini
4 getrocknete, in Öl eingelegte
Tomaten
2 Knollen vorgekochte
Rote Bete
100 g Räuchertofu

220 g vorgekochte braune
Linsen
100 g vorgekochte Kichererbsen

Dressing:
3 EL Olivenöl
1 EL Apfelessig
1 TL Mango-Balsamico-Senf
1 EL Crema di Balsamico
1 EL Sonnenblumenkerne
Salz und Pfeffer nach Belieben

Zubereitungszeit: 15 Minuten

Zuckerpaprika, Artischocken, Zucchini, getrocknete Tomaten, Rote Bete sowie den Räuchertofu in sehr kleine Würfel schneiden. Linsen und Kichererbsen abschütten, mit Wasser kurz übergießen und abtropfen lassen. Sonnenblumenkerne im Topf ohne Fett anrösten.

In einer Schüssel das Öl mit dem Essig, Senf, Crema di Balsamico, Salz und Pfeffer zu einer Sauce verrühren. Alle Zutaten unterheben und einen Moment lang stehen lassen, damit sich die Zutaten mit der Sauce verbinden können. Zum Garnieren Sonnenblumenkerne darüber streuen.

TIPP
Wenn Du den Geschmack noch etwas intensiver magst, brate den Räuchertofu vorher in Scheiben beidseitig an, bis er leicht knusprig ist. Danach in kleine Würfel schneiden.

Zucchinigratin

FÜR 4 PERSONEN
6 Stängel Thymian
1 EL vegane Butter (z. B. Alsan)
500 ml Sojasahne
1 Prise Salz
1 Prise frisch gemahlener Pfeffer
1 Prise Muskatnuss, frisch gerieben
5 mittelgroße Kartoffeln
1 grüne Zucchini
1 gelbe Zucchini
6 Cocktailtomaten

Zubereitungszeit: 40–50 Minuten
Reine Arbeitszeit: 10 Minuten

Thymianzweige waschen. Die vegane Butter in einem Topf zerlassen und die Thymianzweige dazugeben. Mit der Sojasahne aufgießen, aufkochen und ziehen lassen. Mit Salz, etwas Pfeffer und Muskatnuss würzen.

Die Kartoffeln schälen. Die Zucchini waschen. Alles in dünne Scheiben schneiden. Die Scheiben abwechselnd in eine feuerfeste Form schichten. Die Thymianstängel aus der aufgekochten Sahne nehmen und den Mix über die geschichteten Zucchini und Kartoffeln geben.

Für etwa 30–40 Minuten im Ofen garen. Vor dem Servieren mit frischen Cocktailtomaten garnieren.

Süßkartoffelrösti
mit Räuchertofu

FÜR 2–3 PERSONEN

Rösti mit Tofu:

450 g Süßkartoffeln
2 EL Sojamehl
Salz und Pfeffer nach Belieben
Prise Muskatnuss, frisch gerieben
100 g Räuchertofu
3 EL Sonnenblumenöl
6–8 Salatblätter (vom Kopfsalat oder Romana Salat)
1 Bund frischer Dill

Sauce:

1 EL Sojajoghurt
2 EL pflanzliche Mayonnaise
1 TL Agavendicksaft
1 TL Wasabipaste
½ TL Salz
½ TL Sesamöl
1 TL Apfelessig
½ TL Sojasauce

Zubereitungszeit: 25–30 Minuten

Alle Zutaten für die Sauce vermischen und leicht aufschlagen. In den Kühlschrank stellen oder auch kurz in den Gefrierschrank. Die Sauce schmeckt besser, wenn sie schön kalt ist.

Die Süßkartoffeln schälen. Eine Hälfte grob, die andere Hälfte fein reiben. 2 EL Sojamehl untermengen und mit Salz, Pfeffer und Muskatnuss würzen. Eine Pfanne mit 3 EL Öl erhitzen und mit einem Esslöffel die Süßkartoffelmischung portionsweise zu Rösti formen. Die Rösti flach drücken und von beiden Seiten etwa 4–5 Minuten braten.

Die Salatblätter waschen und trockentupfen. Den Dill waschen, abzupfen und klein hacken.

Wenn die Rösti fast fertig sind, den Räuchertofu in 0,5 cm große Scheiben schneiden und in einer anderen Pfanne mit etwas Öl kurz auf beiden Seiten anbraten.

Die Rösti auf den Salatblättern anrichten, darauf jeweils zwei Scheiben Räuchertofu legen. Etwas Sauce darauf geben und mit frischem Dill garnieren.

Die restliche Sauce in einem Schälchen dazureichen.

Blumenkohl-Tofu-Curry

FÜR 2–3 PERSONEN
1 kleiner Blumenkohl
1 Süßkartoffel
½ TL vegane Instant-Brühwürze
250 g Curry-Tofu
1 EL Sesamöl
2 EL Erdnussöl
1 TL Currypulver

1 TL Kurkuma
1 TL Currypaste
1 TL Mandelmus
125 g Sojasahne
50 ml Hafermilch
1 TL schwarzer Sesam
1 TL frischer Koriander, gehackt

Zubereitungszeit: 20–25 Minuten

Den Blumenkohl in Röschen teilen. Die Süßkartoffel schälen
und würfeln. In einem Topf die Gemüsebrühe in 0,5 l Wasser
einrühren. Das Gemüse darin 6–7 Minuten garen, danach kurz
abschrecken, damit es nicht noch weicher wird. Warm stellen.

Vom Curry-Tofu 2–3 Scheiben von 0,5 cm Breite abschneiden und
den Rest in kleine Stücke hacken.
In einer Pfanne oder einem Wok das Sesam- und Erdnussöl
zusammen erhitzen und die Tofuscheiben von beiden Seiten
knusprig anbraten. Herausnehmen und auf einem Küchentuch
abtropfen lassen. Anschließend in fingerdicke Streifen schneiden
und warm stellen.

Den gehackten Tofu ebenfalls im Wok mit etwas Öl scharf
anbraten und mit Currypulver, Kurkuma, Currypaste, Mandelmus,
Sojasahne und Hafermilch zu einer dicken Tofusauce verrühren.

Den Blumenkohlröschen und die Süßkartoffelwürfel anrichten
und mit der Tofusauce übergießen. Die Tofuscheiben darüber
legen und mit schwarzem Sesam und gehacktem Koriander
garnieren.

TIPP
Hierzu passt als Beilage
sehr gut Basmati Naturreis.

Sushi-Maki

FÜR 2–3 PERSONEN
1 Bambusmatte / Sushimatte

250 g Sushi-Reis
2 EL Reisessig
1 EL Zucker
1 TL Salz
1 Karotte
1 Salatgurke
½ Avocado
100 g Räuchertofu
6 Blätter Sushi Nori
1 EL weißer und schwarzer
Sesam

Als Beilage:
1 TL Wasabipaste
1–2 EL eingelegter Ingwer
2 EL Sojasauce

Zubereitungszeit: 30 Minuten

Eine Sushi-Bambusmatte mit Klarsichtfolie beziehen. Besser ist es, eine Bambusmatte mit Beschichtung zu kaufen.

Den Reis in einem Sieb mit kaltem Wasser abspülen, dann nach Packungsangabe in einem Topf garen und hinterher abkühlen lassen. Den Reis in eine Schüssel geben. Den Reisessig mit Zucker und Salz vermengen, über den Reis träufeln und unterheben.

Während der Reis kocht, die Karotten schälen und in möglichst lange schmale Stifte schneiden. Die Gurke entkernen und ebenfalls in lange Stifte schneiden. Die Avocado in 0,5 cm breite Stücke schneiden. Den Tofu in Streifen schneiden, in etwas Öl beidseitig anbraten und abkühlen lassen.

Ein Noriblatt jeweils mit einem Messer der Länge nach halbieren. Das Blatt mit der rauen Seite nach oben auf die Holzmatte legen, so bleibt der Reis besser daran haften. Die Finger in einer Schale mit Wasser leicht befeuchten und eine kleine Menge abgekühlten Reis auf dem Noriblatt so verteilen, dass das Algenblatt mit Reis bedeckt ist. Unten sollte ein freier Rand bleiben, damit man später die Rolle „festkleben" kann.

Nun entsprechend die Zutaten verteilen, der Länge nach auf den Reis legen. Wer mag, streicht ein wenig Wasabipaste mit auf den Reis. Dann den unbedeckten Rand des Noriblattes anfeuchten und von der anderen Seite beginnend die Holzmatte einschlagen, so dass eine Rolle entsteht.
Drückt man die eingerollte Bambusmatte von oben und den Seiten an, erhält man eine viereckige Form.

Die Sesamkörner in ein Schälchen füllen und die Enden der Rolle kurz in den Sesam drücken.

Die Rollen zum Verzehr in kleine Röllchen (etwa 1 cm dick) schneiden.

Die Sushi-Röllchen mit Wasabipaste, Sojasauce und dem eingelegten Ingwer servieren.

Spitzkohlpfanne

FÜR 2 PERSONEN
2 EL Pinienkerne
1 kleiner Spitzkohl
4 kleine Zuckerpaprika
1 EL Olivenöl
½ TL Ingwerpaste
1 EL Gojibeeren
1 EL Cranberrys
2 EL Balsamico-Essig
1 EL Sojasauce
Salz und Pfeffer nach Belieben

Zubereitungszeit: 20 Minuten

Pinienkerne in einem Topf ohne Fett anrösten und zur Seite stellen. Die Mittelrippe sowie die Stängel vom Spitzkohl entfernen, die Blätter in 2–3 cm breite Streifen schneiden. Die Paprika waschen und klein würfeln.

In einem Wok das Öl erhitzen. Zusammen mit der Ingwerpaste die Paprika und den Spitzkohl in der Pfanne 2–3 Minuten anbraten. Die Gojibeeren und Cranberrys dazugeben und noch mal 2 Minuten braten. Mit dem Balsamico-Essig, Sojasauce sowie Salz und Pfeffer abschmecken. Pinienkerne untermengen.

TIPP
Der Spitzkohl schmeckt sehr gut mit Natur Basmatireis oder Bratkartoffeln.

Warmer Gemüsesalat

FÜR 2 PERSONEN
(als Hauptgericht)
1 kleine Zucchini
150 g grüner Spargel
80 g frische Babymaiskölbchen
2 EL Olivenöl
20 ml Gemüsebrühe
2 große Roma-Tomaten
1 Avocado
100–150 g Zupfsalat

Dressing:
2 Stängel frischer Dill
1 EL Olivenöl
1 EL Balsamico-Essig
1 TL Limettensaft
1 TL Feigensenf
Salz und Pfeffer nach Belieben

Zubereitungszeit: 15–20 Minuten

Zucchini waschen und würfeln. Beim grünen Spargel das untere Drittel schälen und dann zusammen mit den Maiskölbchen in etwa 1 cm große Scheiben schneiden. Alles in einer Pfanne mit 2 EL Olivenöl einige Minuten anbraten. Mit der Gemüsebrühe ablöschen. Tomaten waschen, entkernen und würfeln. Die Avocado halbieren, den Kern herauslösen und das Fruchtfleisch mit einem Löffel herausheben. Das Fruchtfleisch in 1 cm große Würfel schneiden. Nun beides in der Pfanne unterrühren und ziehen lassen.

Dill waschen, abzupfen und klein hacken. In einer Salatschüssel 1 EL Olivenöl mit dem Balsamico-Essig, Limettensaft, Feigensenf, Dill sowie Salz und Pfeffer anrühren.

Nun den Zupfsalat unter das warme Gemüse in der Pfanne heben und mit der Sauce abschmecken.

Den Salat anrichten und mit der restlichen Limette servieren.

Wirsing-Pilz-Pfanne
mit Räuchertofu

FÜR 2–3 PERSONEN
600 g Wirsing
100 g Champignons
3 kleine Zuckerpaprika
1 rote Chilischote
3 EL Erdnussöl
1 EL Sesamöl
100 g Räuchertofu
1 TL vegane Instant-Brühwürze
(keine Würfel)
1 TL Sojasauce
400 ml Kokosmilch
50 g Kokosflocken
½ TL Zitronenzesten
Salz und Pfeffer nach Belieben

TIPP
**Dazu passt hervorragend
Basmati- oder Duftreis.**

Zubereitungszeit: **20 Minuten**

Den Wirsing waschen und die Blätter in etwa 2x2 cm große
Stücke schneiden. Die Zuckerpaprika und die Pilze putzen und in
kleine Würfel schneiden. Die Chilischote waschen, entkernen und
in sehr feine Streifen schneiden.
Das Erdnuss- und Sesamöl in einem Wok erhitzen und den
Wirsing mit der Paprika, dem Chili und den Pilzen darin scharf
anbraten.

Den Räuchertofu in kleine Würfel schneiden, ebenfalls in den
Wok geben und etwa weitere 5 Minuten braten. Brühwürze,
Sojasauce und Kokosmilch dazugeben und köcheln lassen, bis
der Wirsing gar, aber noch bissfest ist. Mit Salz und Pfeffer
abschmecken.

Mit frischen Kokosflocken und Zitronenzesten garnieren.

Leichtes Wok-Gemüse

FÜR 2–3 PERSONEN

250 g Basmatireis oder Quinoa
3 EL Sojasauce
2 EL Reiswein
70 ml Gemüsebrühe
½ EL Teriyakisauce
1 TL Agavendicksaft
200 g fester Tofu natur
1 Karotte
½ Paprika
4 große Blätter Chinakohl
1 Handvoll Zuckerschoten
5 Champignons
4–5 Maiskölbchen
1 Zucchini
½ Chilischote (je nach Geschmack)
1 EL Rapsöl
1 EL Sesamöl
1 EL Sonnenblumenöl
1 TL Ingwerpaste
4–5 Brokkoliröschen

Zubereitungszeit: 25 Minuten

Basmatireis oder Quinoa nach Packungsanleitung im Topf garen.

Sojasauce, Reiswein, Gemüsebrühe, Teriyakisauce und Agavendicksaft vermengen und zur Seite stellen.

Tofu in 0,5 cm dicke Scheiben schneiden und diese in etwas Öl von beiden Seiten goldbraun anbraten. Herausnehmen und auf einem Küchentuch abtropfen lassen. Danach in kleine Würfel schneiden und zur Seite stellen.

Karotte schälen und in Stifte schneiden. Paprika und Chinakohl waschen, in Streifen schneiden. Zuckerschoten entfädeln. Champignons putzen und in Scheiben schneiden. Die Maiskölbchen in Stücke schneiden. Die Zucchini waschen und mit dem Lurch Spiralschneider durch das dicke Messer ziehen. (Falls kein Lurch zur Hand, die Zucchini entweder in etwa 5 mm dicke und 2 cm lange Stifte schneiden oder noch einfacher: Mit einem Sparschäler gleichmäßige Streifen abschälen. Das Innere der Zucchini ist hierfür jedoch nicht geeignet.)

Chilischote entkernen und klein hacken.

Zuerst den Wok erhitzen, dann Rapsöl, Sesamöl und Sonnenblumenöl hineingeben. Ingwerpaste und Chilischote hinzufügen. Zunächst die Karotte, Paprika und Champignons scharf anbraten, danach Brokkoli, Zuckerschoten und Maiskölbchen und zum Schluss den Chinakohl dazugeben. Unter ständigem Rühren anbraten.

Mit der Sauce ablöschen, kurz aufkochen lassen und das Gemüse weitergaren, bis es gar, aber noch knackig ist.

Das Wok-Gemüse mit dem Reis oder dem Quinoa anrichten.

Risotto mit Feldsalat

FÜR 2 PERSONEN

Risotto:
2 EL Olivenöl
250 g Risotto-Reis
30 g getrocknete Steinpilze
200 ml Weißwein
200 ml Gemüsebrühe
½ TL Waldpilz-Bouillon
(z. B. von Vitam)
80 ml Sojasahne
1 TL vegane Butter
1 Prise Muskatnuss, frisch
gerieben
1 TL schwarzer Sesam

Feldsalat:
150 g Feldsalat
1 EL Olivenöl
1 EL Balsamico-Essig
1 TL Agavendicksaft
1 TL Mango-Basilikum-Senf
1 TL frischer Dill, gehackt
Salz und Pfeffer nach Belieben

Zubereitungszeit: 25 Minuten

In einem Topf das Olivenöl erhitzen und den Reis darin kurz an-
schwitzen. Dabei umrühren, er darf nicht braun werden. Die Pilze
halbieren und mit in den Topf geben. Wenn der Reis glasig ist,
mit dem Weißwein ablöschen. Die Hitze verringern, nach und
nach mit der Gemüsebrühe und der darin aufgelösten Waldpilz-
Bouillon-Würze aufgießen. Das Risotto sollte ohne Deckel
gekocht werden und ist fertig, wenn der Reis noch ganz leicht
Biss hat.

Kurz vor Ende der Garzeit mit veganer Butter, Sojasahne und
Muskatnuss abschmecken. Zum Garnieren mit schwarzem Sesam
bestreuen.

Für den Salat den Feldsalat zunächst waschen und gut abtropfen
lassen. Das Olivenöl mit dem Balsamico-Essig, Agavendicksaft
und dem Senf in eine Salatschüssel geben und mit einem
Schneebesen verrühren, bis das Dressing eine dicke Konsistenz
bekommt. Danach den Dill dazugeben. Den Salat unterheben und
sofort servieren.

Voll satt

Linsen-Kichererbsen-Curry

FÜR 4 PERSONEN
200 g Basmati-Naturreis
20 g Ingwer
3 Karotten
300 g Süßkartoffeln
2 EL Olivenöl
1 EL Sesamöl
1 TL Ingwerpaste
1 TL rote Currypaste
1 TL Currypulver
1 TL Garam masala
½ TL Kreuzkümmel
1–2 TL Kurkuma

100 ml Gemüsebrühe
400 ml stückige Tomaten
150 g braune Linsen,
vorgekocht
150 g Kichererbsen, vorgekocht
100 g gefrorene Erbsen
150 ml Kokosmilch
1 TL Erdnussmus fein
1–2 TL Sojasauce
80 g vegane Butter
1 Prise Salz
1 Prise Chilipulver

Zubereitungszeit: 30–35 Minuten

Den Basmati-Naturreis nach Packungsangabe im Topf garen oder im Reiskocher zubereiten.

Den Ingwer schälen und klein hacken. Karotten und Süßkartoffeln schälen und in kleine Würfel schneiden. Oliven- und Sesamöl in einem Wok erhitzen. Ingwer, Ingwer- und Currypaste, Currypulver, Garam masala, Kreuzkümmel und Kurkuma einrühren. Süßkartoffeln und Karotten dazugeben und einige Minuten anbraten. Mit der Gemüsebrühe ablöschen und ein paar Minuten köcheln lassen. Die Kartoffeln und Karotten sollten noch bissfest sein. Die Tomaten dazugeben und weiterköcheln.

Linsen, Kichererbsen und Erbsen dazugeben, Kokosmilch einrühren und einige Minuten weiterköcheln, bis die Kartoffeln und Karotten gar sind. Mit Erdnussbutter, Sojasauce und veganer Butter abrunden. Mit Salz und Chilipulver abschmecken.

TIPP
Das Gericht schmeckt auch ohne Reis oder mit Quinoa sehr gut. Zum Servieren kann man zudem noch frisch gehackten Koriander oder schwarzen Sesam darüber streuen.

Mangold-Lasagne

FÜR 4–5 PERSONEN
1 Lasagne-Auflaufform

60 g Soja-Schnetzel
150 ml Gemüsebrühe
600 g Mangold
1 Fenchel
2 EL Olivenöl
1 Prise Chilipulver
½ TL Paprikapulver
1 EL Tomatenmark
1 EL rotes Pesto
8 braune Champignons
400 g stückige Tomaten aus der Dose
200 g passierte Tomaten aus der Dose
50 g Pinienkerne
200 ml Sojasahne
1 EL getrocknete italienische Kräuter
1 TL vegane Butter
12 Lasagneplatten
3 große Fleischtomaten
Salz und Pfeffer nach Belieben

Zubereitungszeit: 50 Minuten
Reine Arbeitszeit: 25-30 Minuten

Die Soja-Schnetzel in eine Schüssel geben, mit 150 ml Gemüsebrühe übergießen und 10 Minuten quellen lassen. Mangold waschen und den Strunk von den grünen Blättern trennen. Die Strunkstücke klein würfeln und die grünen Blätter in Streifen schneiden. Den Fenchel waschen, den Strunk entfernen und ebenfalls in kleine Würfel schneiden.

Die Fenchel- und Mangoldwürfel mit dem Olivenöl in einer Pfanne scharf anbraten. Chilipulver, Paprikapulver, Tomatenmark und Pesto dazugeben und kurz weiterbraten. Mit etwas Wasser ablöschen, noch ein paar Minuten weitergaren.

In der Zwischenzeit die Champignons putzen und in kleine Würfel schneiden. Die Champignons mit den Mangoldstreifen in die Pfanne geben und weitergaren. Mit den stückigen Tomaten ablöschen. Die Tofu-Schnetzel abgießen, mit italienischen Kräutern, Salz und Pfeffer würzen und zu dem Gemüse in die Pfanne geben. Alles leicht einköcheln lassen.

In der Zwischenzeit in einem Topf, der groß genug für die Lasagneplatten ist, leicht gesalzenes Wasser erhitzen.

In einer weiteren Pfanne die Pinienkerne ohne Öl anrösten und dann unter die Mangold-Soja-Mischung heben. Mit 200 ml Sojasahne abrunden und nochmals mit Salz, Pfeffer und Chilipulver abschmecken.

Den Ofen auf 200 °C Umluft vorheizen. Die Auflaufform mit veganer Butter einfetten.

In den großen Topf jeweils drei Lasagneplatten (je nach Auflaufform) auf einmal hineingeben (versetzt hineinlegen, sonst kleben sie aneinander) und kurz ankochen lassen. Dann eine Schicht Lasagneplatten in die Auflaufform legen und einige Löffel der Mangold-Soja-Mischung darauf geben. Diesen Vorgang wiederholen, bis man etwa vier Schichten hat. Die oberste Schicht sollte aus Lasagneplatten mit einer sehr dünnen Schicht Sauce bestehen. Zum Schluss die Fleischtomaten in Scheiben schneiden und die Lasagne damit belegen. Für etwa 20 Minuten in den Ofen geben.

TIPP
Wer mag, kann zwischen die Schichten und über die Fleischtomaten etwas geriebenen veganen Schmelzkäse geben.

Pizza mit und ohne Schmelz

FÜR 2 PERSONEN
½ Zucchini
1 Aubergine
5 Champignons
1 EL Olivenöl
2 Roma-Tomaten
100 g stückige Tomaten
2 TL getrocknete italienische Kräuter
1 TL rotes Pesto
1 Pck. fertiger veganer Pizzateig
5 Brokkoliröschen
veganer Schmelzkäse nach Belieben
Salz und Pfeffer nach Belieben

Zubereitungszeit: 20 Minuten

Backofen auf 200 °C Umluft vorheizen.

Zucchini und Aubergine waschen und in 0,5 cm dicke Scheiben schneiden. Gegebenenfalls die Haut von den Champignons abziehen. Champignons ebenfalls in Scheiben schneiden. Alles in einer Pfanne mit Olivenöl einige Minuten anbraten.

Die Roma-Tomaten entkernen und in kleine Würfel schneiden.

Die stückigen Tomaten mit den italienischen Kräutern und dem Pesto vermischen. Pizzateig auf einem Backblech auslegen und mit der Tomaten-Kräuter-Pesto-Mischung bestreichen.

Zucchini, Aubergine, Champignons, Brokkoliröschen und Tomatenwürfel darauf verteilen. Je nach Geschmack mit entsprechend viel Schmelzkäse bestreuen. Zum Schluss nochmals italienische Kräuter darüber streuen und mit Salz und Pfeffer würzen.

Die Pizza auf dem Backblech für etwa 15 Minuten in den Ofen geben, bis der Teig am Rand leicht knusprig ist.

Lauwarmer italienischer Pasta-Salat

FÜR 4 PERSONEN

250 g Penne- oder Rigatoni-Nudeln
50 g Pinienkerne
100 g Mini Roma-Tomaten
60 g getrocknete, in Öl einge-legte Tomaten
80 g in Öl eingelegte Artischockenherzen
50 g schwarze Oliven
100 g Räuchertofu
1 EL Sonnenblumenöl
2 EL Olivenöl
1 TL Tomatenmark
2 TL rotes Pesto
½ TL getrockneter Oregano
½ TL getrockneter Rosmarin
½ TL Paprikapulver
3 EL Balsamico-Essig
100 g Rucola
Salz und Pfeffer nach Belieben

Zubereitungszeit: 25 Minuten

Die Nudeln in sprudelndes, leicht gesalzenes Wasser geben. Sie sollten nur so lange kochen, dass sie noch bissfest sind.

Die Pinienkerne in einem kleinen Topf ohne Öl anrösten und zur Seite stellen. Die Mini Roma-Tomaten in Scheiben schneiden. Die eingelegten Tomaten sowie die Artischockenherzen klein würfeln. Die schwarzen Oliven entsteinen und in dünne Scheiben schneiden. Alles zur Seite stellen.

Den Räuchertofu in kleine Würfel schneiden, im Sonnenblumenöl knusprig anbraten und zur Seite stellen.

In einer Pfanne 2 EL Olivenöl erhitzen und zunächst Tomatenmark und Pesto hineingeben. Oliven, Artischocken und eingelegte Tomaten dazugeben und mit Oregano, Rosmarin, Paprika und einer Prise Salz und Pfeffer anbraten. Zum Schluss den Räuchertofu hinzugeben.

Wenn die Nudeln fertig sind, abgießen und kurz abschrecken. Anschließend noch im Sieb mit 3 EL Balsamico-Essig übergießen und abtropfen lassen.

Den Rucola waschen und in grobe Stücke hacken.

Die Nudeln mit der Gemüsemischung aus der Pfanne in einer großen Salatschüssel vermengen. Danach den Rucola, die Pinienkerne, die frischen Mini Roma-Tomaten dazugeben. Kurz vor dem Servieren alles noch einmal vermengen.

TIPP
Nudeln werden immer im offenen Topf, also ohne Deckel gekocht – Reis hingegen immer mit Deckel (außer beim Risotto).

Couscous-Falafel-Wraps

FÜR 4–6 PERSONEN

Zubereitungszeit: 40–60 Minuten

Couscous:

200 ml Gemüsebrühe
100 g Couscous
½ Fenchel
½ Zucchini
½ gelbe oder orange Paprika
1 Tomate
1 EL Olivenöl
1 TL Paprikapulver
½ TL arabische Gewürzmi-
schung (z. B. Arabische Küche
von Lebensbaum)
1 TL Tomatenmark
1 TL rotes Pesto

Falafel:

250 g Kichererbsen (vorgekocht
oder mindestens 12 Stunden
eingeweicht)
½ Bund Petersilie
2–3 Stängel Koriander
1 Zitrone
1 TL Falafel-Gewürz
2 EL Mehl
1 EL Paniermehl
1 Msp. Backpulver
5 EL Sonnenblumenöl

Wraps:

½ Salatgurke
3 Tomaten
¼ Kopf Eisbergsalat
6–8 Weizen-Wraps

Gemüsebrühe aufkochen und den Couscous einrühren. Zwischendurch mit der Gabel auflockern. Eventuell 1 TL Olivenöl dazugeben.

Fenchel, Zucchini, Paprika und Tomate waschen und in kleine Würfel schneiden. Olivenöl in einer Pfanne erhitzen und das Gemüse scharf anbraten. Paprikapulver, arabische Gewürzmischung, Tomatenmark und Pesto dazugeben und weiterbraten. Eventuell noch einen weiteren Esslöffel Olivenöl dazugeben. Das Gemüse sollte gar, aber noch bissfest sein. Die Gemüsemischung auf den Couscous geben, gut untermengen, mit Salz abschmecken und zur Seite stellen.

Für die Falafel die Kichererbsen mindestens 12 Stunden in reichlich Wasser einweichen und danach 1 Stunde kochen oder vorgekochte Kichererbsen verwenden.

Petersilie und Koriander waschen, abtropfen lassen, die Blätter von den Stielen zupfen und grob hacken. Die Zitrone auspressen. Kichererbsen abgießen und diese in der Küchenmaschine oder mit dem Pürierstab zusammen mit den Kräutern fein pürieren. Dabei den Zitronensaft und etwas Wasser zugeben. Falafel-Gewürz hinzufügen und alles mit Salz und Pfeffer kräftig abschmecken. Mehl, Paniermehl und Backpulver untermischen.

In eine Pfanne etwa 3 cm hoch Pflanzenfett (z. B. Sonnenblumenöl) füllen und erhitzen. Aus dem Kichererbsenteig walnussgroße abgeflachte Bällchen formen. Die Bällchen im heißen Fett portionsweise etwa 5 Minuten frittieren, bis sie schön gebräunt sind, dabei einmal wenden. Die Falafel auf einem Küchentuch abtropfen lassen.

Für die Wraps Gurke und Tomaten waschen und klein würfeln, den Eisbergsalat ebenfalls waschen und in schmale Streifen schneiden.

Auf jedem Wrap mittig etwa 2 EL Couscous verteilen. Darauf zwei bis drei Falafel und 2 TL gewürfelte Gurke und Tomate sowie ein paar Streifen Eisbergsalat geben.
Den Wrap von der Seite aufrollen, etwa in der Mitte beginnen, den Boden nach innen einzuklappen. Einrollen, bis der Wrap nur noch oben offen ist.

TIPP
Die Wraps schmecken sehr gut mit der Joghurt-Minz-Sauce, dem Erdnuss–Dip oder auch der Sesamsauce von Seite 66.

Kartoffel-Bohnen-Pie

FÜR 4–6 PERSONEN
70 g Sojafleisch (Trocken-
masse)
350 ml Gemüsebrühe
800 g Kartoffeln
3 Stangen Staudensellerie
½ Fenchel
3 Karotten
300 g Süßkartoffeln
1 EL Olivenöl
400 g Kidneybohnen
400 g Cannellini-Bohnen
3 EL gepoppter Amaranth
2 EL Sojasauce
3 TL Tomatenmark
200 g stückige Tomaten
2 TL getrocknete italienische
Kräuter
50 g vegane Butter
100 ml Mandel- oder Soja-
milch
Salz und Pfeffer nach Belieben

Zubereitungszeit: 40 Minuten
Reine Arbeitszeit: 20 Minuten

Backofen auf 220 °C Umluft vorheizen.

Sojafleisch mit 200 ml Gemüsebrühe übergießen und 10 Minuten quellen lassen. Kartoffeln schälen, vierteln und in einem großen Topf mit Salzwasser je nach Kartoffelsorte etwa 10–15 Minuten kochen. Sellerie, Fenchel, Karotten und Süßkartoffeln putzen, beziehungsweise schälen und in Würfel schneiden. In einer Pfanne mit 1 EL Öl anbraten und mit 150 ml Gemüsebrühe ablöschen. Weiterköcheln lassen, bis das Gemüse gar, aber noch bissfest ist.

Bohnen, Amaranth, Sojasauce, Tomatenmark, stückige Tomaten und Kräuter dazugeben und nochmals aufkochen. Mit Salz und Pfeffer abschmecken.

Die Kartoffeln mit der veganen Butter, der pflanzlichen Milch und etwas Salz zerstampfen und zu Kartoffelbrei verarbeiten. Nicht zu sämig rühren.

Die Bohnenmasse in eine feuerfeste Form geben und den Kartoffelbrei darüber verteilen. Zum Schluss mit einer Gabel ein Muster in den Kartoffelbrei zeichnen.

Für etwa 15–20 Minuten backen, bis der Kartoffelbrei eine leicht braune Farbe annimmt.

Tofubällchen
mit indischer Tomatensauce

FÜR 3–4 PERSONEN
200 g Basmatireis

Indische Tomatensauce:

1 Zwiebel
20 g Ingwer
1 grüne Chilischote
4 Tomaten
3–4 EL Öl
2 schwarze Kardamom-Kapseln
250 ml Mandelmilch
1 Msp. Chilipulver
½ TL Garam masala
½ TL Pfeffer
2 EL passierte Tomaten
1 TL Mandelmus
1 Prise Salz
1 TL vegane Butter

Tofubällchen:

200 g Tofu (natur)
2 Karotten
1 Zwiebel
50 g Pinienkerne
1 EL Erdnussmus
3 EL gekochter Reis
1 TL Ahornsirup
2–4 EL Paniermehl
1 EL Olivenöl
Salz und Pfeffer nach Belieben
2 TL frisch gehackter Koriander

Zubereitungszeit: 30–40 Minuten

Zunächst den Reis nach Packungsangabe in einem Topf oder im Reiskocher garen.

Für die Tomatensauce die Zwiebel abziehen und Ingwer schälen, Chilischote entkernen und alles grob würfeln. Tomaten ebenfalls in grobe Stücke schneiden. In einer heißen Pfanne mit Öl erst Ingwer, Chili, Kardamom und Zwiebelwürfel anbraten, dann die Tomaten und das Mandelmus hinzufügen. So lange kochen, bis alles eine breiige Konsistenz hat. Abkühlen lassen.

Die abgekühlte Masse mit einem Stabmixer fein pürieren.

Für die Tofubällchen den Tofu erst hacken, dann mit einer Gabel zerdrücken. Die Karotten schälen und fein reiben, dabei den überschüssigen Saft abgießen. Die Zwiebel abziehen und fein hacken. Die Pinienkerne mit dem Stabmixer zerkleinern. Dann alle Zutaten für die Tofubällchen gut vermischen. So viel Paniermehl dazugeben, bis die Masse zusammenhält.

Kleine Bällchen formen und in einer heißen Pfanne mit Öl etwa 5–7 Minuten durchbraten. Die Bällchen auf einem Küchentuch abtropfen lassen.

Die Pfanne mit Öl wieder erhitzen und die Tomatensauce darin erneut erwärmen. Die Mandelmilch bei niedriger Temperatur langsam einrühren. Mit Salz, Chilipulver, Garam masala und Pfeffer abschmecken und die vegane Butter unterrühren. Die Sauce muss nicht aufkochen.

Die Tofubällchen vorsichtig in die Sauce geben, damit sie nicht auseinanderfallen. Den frisch gehackten Koriander darüber streuen und mit dem Basmatireis servieren.

Spaghetti mit
Tomate und Artischocke

FÜR 2–3 PERSONEN

200 g Spaghetti
2 EL Pinienkerne
1 EL Olivenöl
1 TL rotes Pesto
½ TL Tomatenmark
1 Prise Chilipulver
6 getrocknete, in Öl eingelegte Tomaten
200 g stückige Tomaten
2 EL Karottensaft
8 in Öl eingelegte Artischockenherzen
8 Mini-Datteltomaten
Salz und Pfeffer nach Belieben

Zubereitungszeit: 15 Minuten

Spaghetti in sprudelndem Salzwasser kochen, bis sie bissfest sind. Die Pinienkerne in einem Topf ohne Öl anrösten und zur Seite stellen.

Olivenöl in einer Pfanne erhitzen, das Pesto, Tomatenmark und Chilipulver dazugeben und kurz anbraten. Die getrockneten Tomaten klein würfeln und hinzufügen. Kurz weiterbraten. Mit dem Karottensaft und den stückigen Tomaten ablöschen und nochmals kurz aufkochen lassen.

Die abgetropften Artischockenherzen würfeln, die Datteltomaten halbieren und in der Sauce bei niedriger Temperatur erwärmen. Die Spaghetti abschütten und kurz abschrecken. Dann die Sauce unter die Spaghetti heben. Zum Schluss die Pinienkerne darüber verteilen.

Schnelle Kräuterspaghetti

FÜR 2-3 PERSONEN

250 g Spaghetti
30 g Pinienkerne
10 Mini Roma-Tomaten
2 Hexenkräuterwürfel
Salz und Pfeffer nach Belieben

Zubereitungszeit: 10 Minuten

Spaghetti in sprudelndem, leicht gesalzenem Wasser kochen, bis sie bissfest sind. Kurz abschrecken.

Pinienkerne ohne Öl in einer Pfanne anrösten und zur Seite stellen. Tomaten in Scheibchen schneiden. In einer Pfanne die Hexenkräuterwürfel erhitzen (Vorsicht, die Kräuter verbrennen schnell), die fertigen Spaghetti unterheben und kurz anbraten. Pinienkerne dazugeben, mit den Tomaten garnieren und sofort servieren.

Tofu-Süßkartoffel-Chili

FÜR 2–3 PERSONEN
200 g Tofu (natur)
2 TL Olivenöl
3 EL Agavendicksaft
1 Süßkartoffel
10 g frischer Ingwer
2 EL Rapsöl
1 EL Kürbiskernöl
2 Roma-Tomaten
½ TL Zimt

½ TL Chilipulver
1½ TL Kurkuma
50 g Tomatenmark
Pfeffer und Salz nach Belieben
400 ml Gemüsebrühe
100 g passierte Tomaten
100 g Kidneybohnen
100 g Chilibohnen

Zubereitungszeit: 20-25 Minuten

Den Tofu klein hacken oder zerbröseln und mit 2 TL Olivenöl in einer Pfanne anbraten. Anschließend mit dem Agavendicksaft karamellisieren. Zur Seite stellen.

Die Süßkartoffel schälen und in kleine Würfel schneiden. Ingwer schälen und sehr klein hacken. Zusammen im Raps- und Kürbiskernöl scharf anbraten. Die Tomaten klein schneiden und ebenso dazugeben. Zimt, Chilipulver, Kurkuma, Tomatenmark, Pfeffer und Salz hinzufügen und noch mal kurz braten, dann mit der Gemüsebrühe ablöschen und weitere 15 Minuten köcheln lassen.

Die passierten Tomaten, Kidney- und Chilibohnen untermengen und ein paar Minuten weiterköcheln lassen, bis die Flüssigkeit fast verdampft ist. Zum Schluss den karamellisierten Tofu unterheben und erneut mit Pfeffer, Salz und Chilipulver abschmecken.

TIPP
Dazu passt die Avocado-Mayonnaise von Seite 64 sehr gut.

Bratkartoffeln
mit Tofu und Spinat

FÜR 2 PERSONEN
6–8 festkochende Kartoffeln
3–4 EL Olivenöl
1 TL Rosenpaprika
200 g fester Tofu (natur)
2 TL Agavendicksaft

3 große Fleischtomaten
300 g frischer Spinat
1 TL vegane Instant-Brühwürze
1 TL Sojasauce
Salz und Pfeffer nach Belieben

Zubereitungszeit: 20 Minuten

Die Kartoffeln schälen, in Würfel schneiden und in 1–2 EL Öl anbraten. Ab und zu für einige Minuten den Deckel auflegen, dann wieder einige Minuten in offener Pfanne braten. So bekommt man die Kartoffeln schnell gar, ohne dass sie matschig werden. Immer wieder wenden und zum Schluss mit ½ TL Paprikapulver und Salz würzen.

Den Tofu in 0,5 cm dicke Scheiben schneiden und in 1 TL Öl von beiden Seiten anbraten. Zum Schluss mit 1 TL Agavendicksaft und ½ TL Paprikapulver würzen und warm stellen.

Die Tomaten waschen, entkernen und in kleine Würfel schneiden, dann zur Seite stellen. Den Spinat waschen und in einer großen Pfanne mit 1 EL Öl bei niedriger Temperatur zerfallen lassen. Mit der Brühwürze, 1 TL Agavendicksaft und der Sojasauce abschmecken. Zum Schluss die frischen Tomatenwürfel unterheben und eine halbe Minute erwärmen.

Alles sofort servieren, denn der Tofu und der Spinat kühlen schnell aus.

Pad Thai

FÜR 2–3 PERSONEN

150 g breite Reisnudeln
3 große Blätter Chinakohl
1 rote Gemüsezwiebel
20 g Ingwer
½ gelbe oder orange Paprika
100 g Tofu (natur)
2 EL gehackte Erdnüsse
1–2 unbehandelte Limetten
2 TL Erdnussöl
150 g frische Mungobohnen-
keimlinge
1 EL frisch gehackter Koriander

Pad Thai-Sauce:

1 TL Tamarindensauce
250 ml Gemüsebrühe
3 TL Sojasauce
½ TL Pfeffer
¼ TL Chilipulver
3 TL brauner Zucker

Zubereitungszeit: 20–25 Minuten

Die Reisnudeln mit kochendem Wasser übergießen und 5–6 Minuten einweichen lassen. Die Nudeln sollten noch bissfest sein. Abgießen, abschrecken und zur Seite stellen.

Die Zutaten für die Pad Thai-Sauce vermengen und solange rühren, bis der Zucker sich aufgelöst hat.

Die Chinakohl-Blätter in etwa 2 cm große Stücke schneiden. Die Zwiebel in 1 cm große Stücke schneiden. Den Ingwer schälen und hacken. Die Paprika waschen, entkernen und in feine Streifen schneiden. Den Tofu mit einer Gabel zerdrücken.

Die Erdnüsse zerkleinern und die Limetten vierteln. Alles zur Seite stellen.

Den Wok mit dem Öl erhitzen. Ingwer und Zwiebeln einige Minuten anbraten. Danach die Paprikastreifen und den Chinakohl dazugeben und für weitere 2 Minuten braten. Anschließend den zerdrückten Tofu dazugeben und nochmals 2 Minuten weiterbraten. Das Gemüse aus dem Wok nehmen und zur Seite stellen. Dann den Wok reinigen, um erneut Öl darin erhitzen zu können.

Die Nudeln mit einem Drittel der Sauce in den heißen Wok geben. Kräftig rühren. Nach und nach immer mehr Sauce hinzufügen und dabei rühren, bis die Nudeln gar sind und leicht kleben. Die Temperatur verringern. Anschließend die Gemüse-Tofu-Mischung unterrühren. Zum Schluss die Mungobohnenkeimlinge darüberstreuen.

Eventuell noch mit Sojasauce abschmecken, mit dem frisch gehackten Koriander, den Erdnüssen und Limettenvierteln garnieren.

Wraps
mit Tofu-Chili

FÜR 3–4 PERSONEN
1 EL Olivenöl
200 g Tofuhack (fertig, oder
50 g eingeweichtes Sojafleisch)
1 TL vegane Instant-Brühwürze
3 TL Paprikapulver
1–2 Prisen Kardamom
200 g Kidneybohnen

150 g stückige Tomaten
2–3 Prisen Chilipulver
Salz und Pfeffer nach Belieben
5 Blätter Eisbergsalat
2 Tomaten
½ rote Paprika
100 g Mais
4–5 Tortilla-Wraps

Zubereitungszeit: 15 Minuten

Das Olivenöl in einer Pfanne erhitzen und das Tofuhack kurz anbraten, Instant-Brühwürze, Paprikapulver und Kardamom hinzugeben und weiterbraten. Danach die Kidneybohnen dazugeben. Mit den stückigen Tomaten ablöschen und mit Salz, Pfeffer und Chilipulver abschmecken. Zur Seite stellen.

Den Eisbergsalat in dünne Streifen schneiden. Die frischen Tomaten waschen, die rote Paprika waschen, entkernen und in kleine Würfel schneiden. Den Mais abtropfen lassen.

Die Wraps im Ofen oder in der Mikrowelle kurz erwärmen. 2–3 EL von dem Bohnen-Tofu-Mix in die Mitte geben und mit Paprika, Tomaten, Eisbergsalat und Mais belegen. Dann den Wrap von der Seite aufrollen. Ab der Mitte den Boden einschlagen, damit es am Ende nur eine offene Seite gibt.

Pita-Pizza

FÜR 2 PERSONEN
3 Pitabrot-Taschen
1 Zucchini
½ Aubergine
1 EL Olivenöl
5 getrocknete, in Öl eingelegte Tomaten
6 in Öl eingelegte Artischockenherzen

15 schwarze entsteinte Oliven
3 Roma-Tomaten
4–5 Basilikumblätter
6 TL veganer Rucola-Tomate-Aufstrich
Salz und Pfeffer nach Belieben

Zubereitungszeit: 20 Minuten

Den Backofen auf 220 °C (Umluft) vorheizen.

Die drei Pitataschen aufschneiden, damit sechs Scheiben entstehen.

Zucchini und Aubergine waschen und in dünne Scheiben schneiden. In einer Pfanne mit Olivenöl einige Minuten anbraten. Die eingelegten Tomaten in dünne Streifen schneiden. Die Artischocken klein würfeln. Die Oliven in Scheibchen schneiden. Die frischen Tomaten waschen, entkernen und klein würfeln. Das Basilikum ebenfalls waschen und hacken. Alles zur Seite stellen.

Alle Pitascheiben mit dem Aufstrich bestreichen und zunächst Aubergine und Zucchini darauf verteilen. Dann die Artischocken, Oliven und eingelegten Tomaten darüber geben. Mit den frischen Tomatenwürfeln abschließen und alles mit Salz und Pfeffer würzen.

Das Ganze im Ofen etwa 10 Minuten backen, bis der Teig leicht knusprig ist. Vor dem Servieren mit frischem Basilikum bestreuen.

Gemüse-Couscous

FÜR 2–3 PERSONEN
250 g Couscous
300 ml Gemüsebrühe
2 Karotten
80 g Fenchel
½ Aubergine
1 Zucchini
4 Süßpaprika oder 2–3 Schei-
ben eingelegte Paprika
5 Champignons
2 Fleischtomaten
3 EL Olivenöl

½ TL Ingwerpaste
1 TL Tomatenmark
1 TL rotes Pesto
½ TL Kreuzkümmel
½ TL arabisches Gewürz (z. B.
Arabische Küche von Lebens-
baum)
1 Prise Salz
1 Prise frisch gemahlener
Pfeffer
1 TL frisch gehackter Koriander

TIPP
**Zum Couscous schmeckt
der Limetten-Dip von Seite
66 sehr gut.**

Zubereitungszeit: 15–20 Minuten

Den Couscous mit der heißen Gemüsebrühe übergießen und
quellen lassen. Nach ein paar Minuten 1 EL Olivenöl hinzufügen
und mit einer Gabel auflockern.

Die Karotten schälen und würfeln. Fenchel, Aubergine, Zucchini,
Süßpaprika und Champignons waschen und ebenfalls würfeln.
Die Tomaten waschen, entkernen, würfeln und zur Seite stellen.

In einer Pfanne 3 EL Olivenöl erhitzen und das Gemüse zusammen mit ½ TL Ingwerpaste anbraten. Nach ein paar Minuten
Tomatenmark, Pesto, Kreuzkümmel und das arabische Gewürz
hinzugeben und weiterbraten. Eventuell nach Bedarf während
des Bratens noch etwas Olivenöl dazugeben.

Wenn das Gemüse gar ist, mit dem Couscous vermengen, mit
Salz und Pfeffer abschmecken und die frischen gewürfelten
Tomaten untermengen. Mit gehacktem Koriander garnieren.

Thai Curry Massaman Art

FÜR 2–3 PERSONEN
200 g Basmatireis
200 g Tofu (natur)
1 EL Sojaöl
20 g Ingwer
¼–½ Fenchel
  Aubergine
1 EL Erdnussöl
1 EL Sesamöl
2 Karotten
3 Kartoffeln

1 TL Currypulver
2 TL Massaman-Currypaste
1 TL Kurkuma
30 ml Gemüsebrühe
200 ml Kokosmilch
5 Blumenkohlröschen
6 Champignons
80 g Zuckerschoten
1 TL Erdnussbutter
2 TL Sojasauce
2 EL frisch gehackter Koriander

Zubereitungszeit: 25 Minuten

Basmatireis nach Packungsangabe in einem Topf oder im Reiskocher zubereiten.

Tofu in 0,5 cm dicke Scheiben schneiden und in Sojaöl anbraten. Wenn er knusprig ist, aus der Pfanne nehmen und würfeln.

Ingwer schälen und klein hacken. Fenchel und Aubergine klein würfeln. Alles zusammen in Erdnuss- und Sesamöl anbraten.

Karotten und Kartoffeln schälen. Kartoffeln würfeln, Karotten in Stifte schneiden und nach etwa 3 Minuten zum Fenchel und zu der Aubergine in die Pfanne geben. 3 Minuten weiterbraten, dann Currypulver, Massamanpaste und Kurkuma hinzugeben und kurz mitbraten. Anschließend mit 30 ml Gemüsebrühe ablöschen und weiterköcheln, bis Kartoffeln und Karotten fast weich sind. Falls die Gemüsebrühe schon verkocht ist, einen Schuss Kokosmilch einrühren. Dann den Blumenkohl dazugeben und 1 Minute weiterköcheln. Mit dem Rest der Kokosmilch aufgießen. Zum Schluss die Champignons putzen und in Scheiben schneiden. Die Zuckerschoten entfädeln und zusammen mit den Champignons unter das Gemüse heben. Die Erdnussbutter unterrühren und mit Sojasauce abschmecken.

Das Curry zusammen mit dem Reis anrichten und mit etwas gehacktem Koriander bestreuen.

Auberginen-Pasta

FÜR 2–3 PERSONEN
250 g Vollkorn-Penne
½ Fenchel (etwa 100 g)
1 Aubergine (etwa 250 g)
3 EL Olivenöl
2 Hexenkräuterwürfel
1 TL rotes Pesto
2 TL Tomatenmark
1 Msp. Chilipulver
200 g stückige Tomaten aus der Dose
1–2 EL Sojasahne
Salz und Pfeffer nach Belieben

Zubereitungszeit: 15 Minuten

Die Nudeln in sprudelndes, leicht gesalzenes Wasser geben und kochen, bis sie bissfest sind.

Fenchel und Aubergine waschen und beides klein würfeln. In einer Pfanne mit 3 EL Olivenöl scharf anbraten, dann die zwei Hexenkräuterwürfel, das Pesto, das Tomatenmark und das Chilipulver dazugeben und weitere 10 Minuten braten, bis die Aubergine weich ist. Mit den stückigen Tomaten ablöschen.

Zum Schluss die Sojasahne dazugeben und mit Salz und Pfeffer würzen.

Die Nudeln abgießen, kurz abschrecken und mit der Sauce servieren.

Farfalle mit Räuchertofu und Erbsen

FÜR 2–3 PERSONEN
250 g Farfalle
10 frische Basilikumblätter
150 g Räuchertofu
1 EL Olivenöl
1 Hexenkräuterwürfel
180 g gefrorene Erbsen
40 g vegane Butter
Salz und Pfeffer nach Belieben

Zubereitungszeit: 15 Minuten

Die Nudeln in sprudelndes, leicht gesalzenes Wasser geben und kochen, bis sie bissfest sind.

In der Zwischenzeit das Basilikum waschen, hacken und zur Seite stellen. Den Räuchertofu in kleine Würfel schneiden und in einer Pfanne mit dem Olivenöl knusprig anbraten. Den Hexenkräuterwürfel und die Erbsen dazugeben, die Temperatur verringern und weiterbraten. Die Nudeln abschrecken, in die Pfanne geben und kurz mitbraten.

Die Pfanne von der Kochstelle nehmen, die vegane Butter und das gehackte Basilikum unterheben, mit Salz und Pfeffer abschmecken und sofort servieren.

Mangoldstrudel
mit Räuchertofu

FÜR 3–4 PERSONEN
50 g Pinienkerne
150 g Fenchel
2 EL Olivenöl
1 TL Ingwerpaste
500 g Mangold
1 TL vegane Instant-Brühwürze
½ TL getrockneter Thymian

Pfeffer und Salz nach Belieben
250 g Champignons
2 TL Sojasauce
200 g Räuchertofu
100 ml Sojasahne
2 TL Senf
1 Msp. Muskatnuss, gerieben
1 Pck. fertiger Strudelteig (300 g)

Zubereitungszeit: 50 Minuten
Reine Arbeitszeit: 20 Minuten

Den Ofen auf 200 °C Umluft vorheizen.

Die Pinienkerne in einem Topf ohne Öl anrösten und zur Seite stellen.

Fenchel waschen und in Würfel schneiden. Olivenöl in einer Pfanne erhitzen und den Fenchel kurz anbraten. Ingwerpaste dazugeben. Mangold waschen und den Strunk von den Blättern trennen. Die Strunkstücke in kleine Würfel schneiden, zum Fenchel in die Pfanne geben und weiterbraten.
Brühwürze, Pfeffer, Salz und Thymian dazugeben. 5 Minuten in der Pfanne schmoren. Champignons putzen, grob würfeln und mit den Mangoldblättern in die Pfanne geben. Sojasauce hinzufügen. Den Räuchertofu in kleine Würfel schneiden und ebenfalls in die Pfanne geben.
Mit Sojasahne ablöschen. Mit Senf, einer weiteren Prise Pfeffer und Muskatnuss abschmecken. Zum Schluss die Pinienkerne unterheben.

Den Strudelteig ausrollen und die Mangoldmischung im ersten Drittel verteilen, dann aufrollen. Die Enden einschlagen.

Den Strudel etwa 20 Minuten bei 200 °C backen. Dann auf 170 °C reduzieren, mit etwas veganer Butter bestreichen und weitere 10 Minuten backen.

Gnocchi-Pfanne

FÜR 2–3 PERSONEN
500 g Gnocchi
50 g Pinienkerne
40 g getrocknete, in Öl einge-
legte Tomaten
100 g in Öl eingelegte Artischo-
ckenherzen
60 g schwarze Oliven

2 Roma-Tomaten
50 g Rucola
3 EL Olivenöl
2 TL rotes Pesto
20 g Tomatenmark
1 EL Balsamico-Essig
1 Prise Salz
1 Prise frisch gemahlener Pfeffer

Zubereitungszeit: 15 Minuten

Gnocchi in sprudelndes, leicht gesalzenes Wasser geben. Sobald die Gnocchi an die Oberfläche kommen, abgießen, kurz abschrecken und zur Seite stellen.

Pinienkerne in einem Topf ohne Öl anrösten und zur Seite stellen.

Die eingelegten Tomaten, Artischocken und die Roma-Tomaten klein würfeln. Oliven entkernen und in kleine Scheibchen schneiden. Rucola in etwa 1 cm große Stücke hacken.

Das Olivenöl in einer Pfanne erhitzen, darin das Pesto und Tomatenmark kurz anrösten. Die eingelegten Tomaten, Oliven und Artischocken hinzugeben und erwärmen. Danach die fertigen Gnocchi unterrühren, die frischen Tomatenwürfel dazugeben und den Balsamico-Essig unterheben. Danach die Pinienkerne und den Rucola unterheben. Mit Salz und Pfeffer abschmecken und sofort servieren.

TIPP
Nicht zu viel Salz nehmen, da die eingelegten Tomaten und die Oliven bereits gesalzen sind. Wer es schärfer mag, gibt etwas Chilischote dazu.

Sweets

Apfel-Streusel-Kuchen

Teig:

110 g vegane Butter
120 g Weizenmehl
80 g Erdmandelmehl
60 g Rohrohrzucker
1 Pck. Vanillezucker
½ TL Backpulver
60 ml Wasser

Füllung:

500 g Äpfel (Rohmasse)
2 EL Apfelmus
1 EL Ahornsirup
1 EL Walnüsse
1 EL Mandelstifte

Streusel:

150 g Weizenmehl
80 g vegane Butter
6 EL Zucker

Zubereitungszeit: 1,5 Stunden
Reine Arbeitszeit: 30 Minuten

Die vegane Butter in einer Schüssel in Flöckchen zerteilen. Mehl, Erdmandelmehl, Rohrohrzucker, Vanillinzucker und Backpulver vermischen und zur Butter geben. Wasser hinzufügen und alles mit den Händen zu einem glatten Teig kneten. Teig in Folie gewickelt etwa 1 Stunde in den Kühlschrank legen.

Backofen auf 200 °C Ober-/Unterhitze vorheizen.

Äpfel schälen, entkernen, vierteln und in dünne Scheiben schneiden.

Eine Springform an den Seiten einfetten und den Boden mit Backpapier auslegen. Den Teig einfüllen und den Rand 3 cm hoch formen. Den Boden mit einer Gabel mehrmals einstechen. Die Äpfel auf dem Teigboden verteilen. Die Walnüsse etwas zerkleinern. Das Apfelmus mit dem Ahornsirup, den Mandelstiften und Walnüssen vermengen und auf den Äpfeln verteilen.

Mehl, Zucker und Butter zu Streuseln formen. Kurz kalt stellen. Anschließend die Streusel auf dem fertig belegten Kuchen verteilen.

Auf der unteren Schiene des Backofens 40–50 Minuten backen.

TIPP
Mit Soja-Sprühsahne oder Soja-Vanilleeis schmeckt der Kuchen besonders gut. Am besten frisch aus dem Ofen servieren, wenn er noch leicht warm ist.

Karamellisierter Obstsalat

FÜR 3–4 PERSONEN
1 Banane
1 roter Apfel
1 feste Birne
1 Orange
2 Kiwis

100 g blaue Weintrauben
100 g weiße Weintrauben
1 Stängel Zitronenmelisse
50 g Zucker
3 EL Zitronensaft
50 g Walnusskerne

Zubereitungszeit: 20 Minuten

Die Banane schälen und in Scheiben schneiden. Den Apfel und die Birne waschen, entkernen und in kleine Spalten schneiden. Orange und Kiwis schälen. Kiwis würfeln und aus der Orange Filets herausschneiden. Die Trauben waschen, entkernen und halbieren. Die Zitronenmelisse waschen und die Blätter in feine Streifen schneiden.

Den Wok erhitzen und den Zucker unter ständigem Rühren bei mittlerer Temperatur goldgelb karamellisieren lassen, dann den Zitronensaft hinzugeben und gut vermischen. Das Obst und die Nüsse dazugeben und kräftig rühren.

Zum Servieren das Obst mit der Zitronenmelisse garnieren.

TIPP
Dazu passt ein Zitronenjoghurt hervorragend: Einfach Sojajoghurt mit einem Spritzer Zitronensaft und etwas Agavendicksaft anrühren.

Früchte-Tiramisu

FÜR 4–6 PERSONEN
1 Pck. Vanillepuddingpulver
500 ml Soja- oder Mandelmilch
2 EL Zucker
350 g gefrorene Himbeeren

4 TL Agavendicksaft
500 g Sojajoghurt
1 TL Vanillepulver
200 ml Sojasahne
6 vegane Vanille-Doppelkekse

Zubereitungszeit: 1,5 Stunden
Reine Arbeitszeit: 30 Minuten

Den Vanillepudding nach Packungsangabe mit Soja- oder Mandelmilch und Zucker anrühren, kochen und abkühlen lassen. Zur Seite stellen. Die Himbeeren im Topf bei niedriger Temperatur auftauen und 1 TL Agavendicksaft unterheben.

Den Sojajoghurt mit 1 TL Vanillepulver und 3 EL Agavendicksaft anrühren. Den abgekühlten Vanillepudding unterrühren. Die Sojasahne in einem anderen Gefäß aufschlagen und ebenfalls vorsichtig unterheben.

Die Doppelkekse in einer Tüte zerbröseln. Schöne hohe Gläser aussuchen und mit einer Schicht Kekskrümeln füllen, erst 1 EL Früchte, dann 2 EL Joghurt-Pudding-Mix darauf verteilen, dann wieder Kekskrümel, Früchte und Creme schichten. Für mindestens 1 Stunde in den Kühlschrank stellen.

Frozen Joghurt

FÜR 2–3 PERSONEN
250 g Sojajoghurt
2 TL Agavendicksaft
1 TL Vanillepulver
300 g gefrorene Früchte (am besten
Erdbeeren und Himbeeren gemischt)

Zubereitungszeit: 1 Stunde
Reine Arbeitszeit: 15 Minuten

Den Sojajoghurt mit 1 TL Agavendicksaft und ½ TL Vanillepulver anrühren.

Die gefrorenen Früchte in einem Topf bei mittlerer Temperatur auftauen (nicht zu lange, sonst ziehen sie zu viel Wasser). Mit ½ TL Vanillepulver und 1 TL Agavendicksaft verrühren, anschließend mit dem Stabmixer pürieren.

Abwechselnd eine Schicht Joghurt und eine Schicht Fruchtmus in Gläser geben. Vorsichtig schichten, da sich sonst alles vermischt. Immer am Außenrand des Glases anfangen und dann zur Mitte hinarbeiten.

In den Gefrierschrank stellen. Der Frozen Joghurt sollte nur angefroren sein.

TIPP
Wenn gefrorene Früchte verwendet werden, ergibt sich meist überschüssiger Saft. Damit kann man den Joghurt einfärben. Der Geschmack ist dann noch fruchtiger und es ergibt eine schöne optische Variante.

Apfelmus-Schoko-Kastenkuchen

120 g vegane Butter
240 g Mehl
1 Prise Salz
1½ TL Backpulver
1½ TL Natron
100 ml Agavendicksaft

1 TL Vanillepulver
250 g Apfelmus
100 g Zartbitter-Schokolade
1 EL Semmelbrösel
Puderzucker zum Bestäuben

Zubereitungszeit: 1 Stunde
Reine Arbeitszeit: 15 Minuten

Den Backofen auf 180 °C Umluft vorheizen.

Die vegane Butter in einem Topf schmelzen. Mehl, Salz, Backpulver, Natron, Agavendicksaft und Vanillepulver in einer Schüssel mischen. Die leicht abgekühlte Butter und das Apfelmus dazugeben. Alles gut verrühren. Zum Schluss die Schokolade hacken und dazugeben. Kastenform einfetten, mit Semmelbröseln bestreuen und den Teig einfüllen.

Auf mittlerer Schiene etwa 50 Minuten backen. Nach 30 Minuten mit Alufolie abdecken, sonst wird die Oberfläche zu dunkel.

Kuchen abkühlen lassen, auf einen Rost stürzen und mit Puderzucker bestäuben.

Aprikosenkernplätzchen

ERGIBT ETWA ZWEI BACK-BLECHE MIT PLÄTZCHEN
150 g süße Aprikosenkerne
250 g vegane Butter
70 g Puderzucker

30 g Rohrohrzucker
350 g Dinkelmehl
1TL Vanillepulver
1 Prise Meersalz
1 TL Zitronensaft

Zubereitungszeit: 2,5 Stunden
Reine Arbeitszeit: 10 Minuten

Den Backofen auf 180 °C Umluft vorheizen.

Die Aprikosenkerne per Hand oder mit dem Stabmixer klein hacken. Die Butter im Topf schmelzen und abkühlen lassen. Alle Zutaten vermischen, mit den Händen zu einem Teig kneten und dann zu einer Rolle mit etwa 2 cm Durchmesser formen. 1–2 Stunden in den Kühlschrank stellen.

Die Rolle in etwa 0,5 cm große Scheiben schneiden. Die Scheiben mit der flachen Hand kurz andrücken und auf ein Backblech mit Backpapier legen. Für 12–15 Minuten backen.

TIPP
Aprikosenkerne enthalten viel Vitamin E, Vitamin B, Kalium und Magnesium.

Schoko-Bananen-Muffins

ERGIBT ZEHN MUFFINS
80 g vegane Butter (z. B. Alsan)
250 g Dinkelmehl
2 TL Backpulver
2 TL Natron
1 EL Kokosflocken
2 EL Kakaopulver
90 g Agavendicksaft oder 100 g Zucker
180 ml Mandelmilch
3 reife Bananen
150 g Zartbitter-Schokolade

Zubereitungszeit: 40 Minuten
Reine Arbeitszeit: 15 Minuten

Den Backofen auf 180 °C Umluft vorheizen.

Die Butter in einem Topf schmelzen lassen. Das Mehl mit Back-
pulver, Natron und Kokosflocken vermischen. Kakaopulver und
Agavendicksaft oder Zucker hinzugeben. Milch und geschmolzene
Butter gut in die Mehlmischung einrühren. Die Bananen mit dem
Stabmixer pürieren und in den Teig rühren. Die Schokolade grob
hacken und unterheben.

Die Förmchen einer Muffin-Backform einfetten und den Teig
gleichmäßig darin verteilen.

Die Muffins 20–25 Minuten backen. Frühzeitig den Holzstäbchen-
test machen, ob sie fertig sind.

Cream Cake mit Erdbeertopping

Boden:

30 g süße Aprikosenkerne
60 g entsteinte Datteln
½ TL gemahlene Vanille
2 TL Agavendicksaft
3 vegane Vanillekekse

Creme:

1 Pck. Vanillepuddingpulver
500 ml Mandelmilch
2 EL Rohrohrzucker
200 ml Sojasahne zum Aufschlagen
100 g Mandelmus
50 g Cashewmus
200 g Vanille-Sojajoghurt
20 g Agavendicksaft
½ TL gemahlene Vanille
3 TL Limettensaft
100 g Kakaobutter

Topping:

150 g gefrorene Erdbeeren
2 TL Agavendicksaft
1–2 Msp. Agar-Agar
1 Prise gemahlene Vanille

Zubereitungszeit: 3,5 Stunden
Reine Arbeitszeit: 40 Minuten

Eine Springform mit Backpapier auslegen.

Alle Zutaten für den Boden in einem Mixer zermahlen. Die entstandene Masse in die mit dem Backpapier ausgelegte Springform geben und gleichmäßig verteilen, festdrücken und in den Gefrierschrank stellen.

Den Vanillepudding mit der Mandelmilch und dem Zucker nach Packungsangabe anrühren, kochen und abkühlen lassen. Die Sojasahne aufschlagen und zur Seite stellen.

Das Mandel- und Cashewmus, Vanille-Sojajoghurt, Agavendicksaft und gemahlene Vanille in einem Mixer zu einer Creme verarbeiten. Dann die aufgeschlagene Sojasahne und den abgekühlten Vanillepudding unterheben.

Die Kakaobutter im Wasserbad schmelzen lassen und ebenfalls unter die Creme heben. Es sollte eine glatte, geschmeidige Creme entstehen. Nun den Boden aus dem Gefrierschrank holen und die Creme darüber verteilen, glatt streichen und zurück in den Gefrierschrank stellen.

Nach etwa 30–60 Minuten das Topping vorbereiten.

Für das Topping die Erdbeeren in einem Topf auftauen und erhitzen, aber nicht kochen. Dann den Agavendicksaft, die Vanille und das Agar-Agar hinzufügen und mit einem Stabmixer pürieren. Kurz abkühlen lassen und mit einem Spritzbeutel vorsichtig auf der Torte verteilen.

Die Torte für etwa 2–3 Stunden zurück in den Gefrierschrank stellen.

TIPP
Ab und zu die Creme mit einem Holzstäbchen überprüfen. Sie sollte nicht einfrieren, sondern nur schnittfest und sehr kalt werden.

Karamellkekse

ERGIBT ETWA ZWEI BACKBLECHE MIT KEKSEN
200 g vegane Butter
300 ml Zuckerrübensirup
100 g brauner Zucker
½ TL Salz
1 TL Zimt
450 g Mehl
1 Pck. Backpulver

Zubereitungszeit: 3,5 Stunden
Reine Arbeitszeit: 15 Minuten

Die Butter in einem Topf schmelzen lassen. Den Sirup, Zucker und die geschmolzene vegane Butter mit Salz und Zimt schaumig rühren. Das Mehl und Backpulver mischen und hinzufügen. Alles zusammen zu einem glatten Teig kneten und in eine Rolle formen. Teig in Folie gewickelt etwa 3 Stunden in den Kühlschrank legen.

Backofen auf 160 °C Ober-/Unterhitze vorheizen.

Die Rolle in etwa 0,5 cm dicke Scheiben schneiden oder Formen ausstechen. Auf ein mit Backpapier ausgelegtes Blech legen und etwa 20 Minuten backen. Nach 15 Minuten immer wieder nachschauen, da sie schnell verbrennen.

Chocolate-Chip-Cookies

ERGIBT EIN BACKBLECH MIT KEKSEN
100 g vegane Butter
200 g Weizenmehl
90 g Zucker
1 TL Vanillepulver
½ TL Backpulver
1 Prise Salz
1 EL Sojamehl
3 EL Sojamilch
125 g Zartbitter-Schokolade

Zubereitungszeit: 40 Minuten
Reine Arbeitszeit: 15 Minuten

Backofen auf 150 °C Ober-/Unterhitze vorheizen.

Die vegane Butter in einem Topf schmelzen. Alle Zutaten bis auf die Schokolade vermengen und gut verrühren. Schokolade grob hacken und dann dazugeben.

Den Teig in kleine Bällchen formen und auf dem mit Backpapier ausgelegten Backblech zu breiten Talern drücken. Etwa 25 Minuten backen und gut abkühlen lassen.

Internetadressen, Bücher, Filme

Vegan

www.vegan.eu
www.vegan.de
www.vegane-gesellschaft.org
www.vebu.de
www.provegan.info
www.zusatzstoffe-online.de
www.tofufamily.de

Einkaufsmöglichkeiten im Netz

www.veganz.de
www.veganic.de
www.vegan-wonderland.de
www.vekoop.de
www.alles-vegetarisch.de

Bücher und Zeitschriften

China Study, T. Colin Campbell & Thomas M. Campbell
Tiere essen, Jonathan Safran Foer
Die große Volksverarsche, Hannes Jaenicke
Veggie Journal (Sonderausgabe Vegan)
Das Vegan Magazin
Vegan & Bio von Schrot & Korn

Filme

Gabel statt Skalpell – Gesünder leben ohne Fleisch
Good Food/Bad Food – Coline Sereau
11th Hour/5 vor 12 – Leonardo DiCaprio

Allgemeine ökologische Themen

www.wwf.de
www.netzfrauen.de
www.campact.de
www.attac.de
www.peta2.de
www.greenpeace.de

Englisch

www.onegreenplanet.org
www.worldwatch.org
www.ecowatch.com

Weitere Tipps zu Hotels, Büchern, Restaurants etc. findet ihr auf meiner Homepage www.veganfuermich.de oder auf meinem Facebook-Profil: www.facebook.com/veganfuermich

Ebenfalls erhältlich ...

ISBN 978-3-86244-591-2

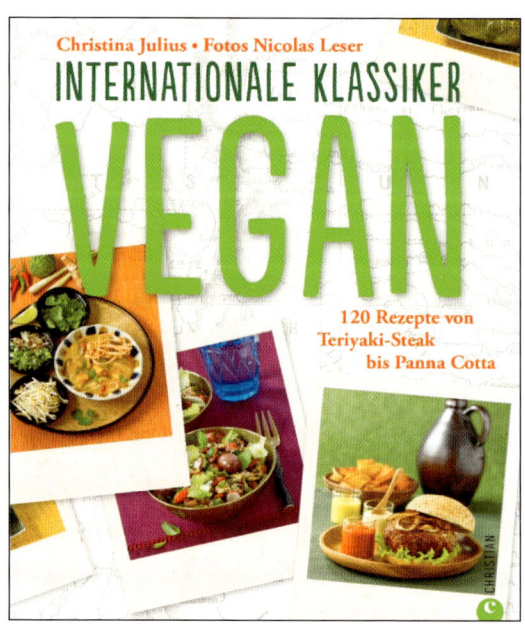

ISBN 978-3-86244-592-9

ISBN 978-3-86244-697-1

ISBN 978-3-86244-131-0

www.christian-verlag.de